O tenente

Celso Furtado

O tenente

Cadernos de um expedicionário na Segunda Guerra Mundial

Organização, apresentação e notas
Rosa Freire d'Aguiar

Companhia Das Letras

Grafia atualizada segundo o Acordo Ortográfico da Língua Portuguesa de 1990, que entrou em vigor no Brasil em 2009.

CAPA
Mariana Newlands

FOTO DE CAPA
Acervo pessoal. Reprodução de Jaime Acioli

PREPARAÇÃO
Márcia Copola

REVISÃO
Clara Diament
Luís Eduardo Gonçalves

Agradecemos aos interlocutores, às famílias e aos responsáveis por espólios pela permissão de reproduzir as cartas e a fortuna crítica deste volume. Embora todos os esforços tenham sido feitos para entrar em contato com os respectivos detentores de direitos, nem sempre isso foi possível. Teremos prazer em creditar as fontes, caso se manifestem.

Dados Internacionais de Catalogação na Publicação (CIP)
(Câmara Brasileira do Livro, SP, Brasil)

Furtado, Celso, 1920-2004.
O tenente : Cadernos de um expedicionário na Segunda Guerra Mundial / Celso Furtado ; organização, apresentação e notas Rosa Freire d'Aguiar. — 1ª ed. — São Paulo : Companhia das Letras, 2025.

ISBN 978-85-359-4262-0

1. Cartas brasileiras 2. Ensaios brasileiros 3. Relatos 4. Segunda Guerra Mundial I. d'Aguiar, Rosa Freire. II. Título.

25-279027 CDD-B869.409

Índice para catálogo sistemático:
1. Ensaios : Literatura brasileira : História e crítica B869.409

Eliete Marques da Silva – Bibliotecária – CRB–8/9380

EDITORA SCHWARCZ S.A.
Rua Bandeira Paulista, 702, cj. 32
04532-002 — São Paulo — SP
Telefone: (11) 3707-3500
www.companhiadasletras.com.br
www.blogdacompanhia.com.br
facebook.com/companhiadasletras
instagram.com/companhiadasletras
x.com/cialetras

Sumário

Apresentação

Quando o Brasil declarou guerra aos países do Eixo liderado por Adolf Hitler e Benito Mussolini, em 22 de agosto de 1942, Celso Furtado acabara de completar 22 anos. Em 1937, na Paraíba, fizera o que então se chamava Tiro de Guerra, de onde saiu como reservista de primeira categoria. Cinco anos depois, no Rio de Janeiro, cursava o terceiro ano da faculdade de direito e, com a nova situação política, a possibilidade de ser convocado surgiu em seu horizonte.

Nos primeiros anos da Segunda Guerra, o Brasil se mantivera em posição de neutralidade, evitando decidir se, e em que condições, lhe caberia entrar no conflito. Seus meios bélicos eram para lá de limitados, todo o seu petróleo era importado, e no governo de Getúlio Vargas as simpatias ministeriais dividiam-se entre os dois campos em combate: uns se inclinavam para o lado da Alemanha — como os generais Eurico Gaspar Dutra, ministro do Exército, e Pedro Góis Monteiro, chefe do Estado-Maior —, outros pendiam para a aproximação com os Estados Unidos, como o chanceler Oswaldo Aranha. Em meio a essa ambiguidade, em janeiro de 1942 realizou-se no Rio a conferência de chanceleres americanos para tomarem uma posição comum face ao Eixo, e o Brasil — como quase todos os países do continente, com exceção da Argentina e do Chile — foi favorável ao rompimento de relações diplomáticas com Alemanha, Itália e Japão. Em represália, já no mês seguinte os alemães torpedearam com seus submarinos o primeiro de uma série de mais de trinta navios brasileiros que singravam a costa ou as águas internacionais. Em fins de agosto, depois de mais quatro embarcações irem a pique, o Brasil declarou estado de beligerância ao Eixo nazifascista.

No ano seguinte, quando o governo criou a Força Expedicionária Brasileira, o projeto do Ministério da Guerra era mobilizar até 100 mil homens, que formariam três divisões para lutar nos campos de batalha. Os planos foram encolhendo, e afinal o Brasil enviou uma só divisão, de cerca de 25 mil soldados. Muitos mais foram convocados, mas ficaram pelo caminho, reprovados por motivos que incluíam subnutrição e doenças parasitárias e venéreas. Ainda assim, o Brasil foi o único país da América Latina a participar diretamente da guerra. Escancarava-se, aí, toda a ambiguidade de Getúlio Vargas, um presidente de perfil ditatorial que enviaria brasileiros para lutar pela democracia e pelas liberdades — cerceadas ou inexistentes no Brasil que ele próprio governava.

Celso Furtado, que estava em idade de ser convocado, decidiu que seria melhor ir para a guerra, não como soldado, mas como aspirante a oficial, e fez um segundo serviço militar, no CPOR — Centro de Preparação de Oficiais da Reserva. Ele já falava um bom inglês, desde as aulas particulares que tivera na Paraíba com Mr. Vance, e esse conhecimento da língua levou seus superiores militares a pô-lo em contato com a missão norte-americana no Brasil, como oficial de ligação, função que também exerceria na Itália.[1] "Fiquei na frente de luta, mas em situação mais interessante, que é a de observador, de saber tudo o que está se passando, porque quem está na trincheira não sabe muito do que está ocorrendo."[2]

O exame de seleção para o CPOR foi em outubro de 1942, e a conclusão do curso, em outubro de 1944, quando os novecentos novos reservistas — oficiais R/2 — compareceram a uma cerimônia, no campo do Fluminense, presidida por Getúlio Vargas. Para Celso, foi um período extenuante. Seu dia começava às quatro da madrugada, rumo ao quartel; dali se encaminhava para o DASP (Departamento Administrativo do Serviço Público), no centro do Rio, onde passou a trabalhar como técnico de administração e planejamento em fevereiro de 1943; em seguida ia para a Faculdade Nacional de Direito, onde conseguiu cursar algumas matérias no turno da noite; e não raro terminava a jornada à uma da manhã, quando havia prova no dia seguinte e ele precisava estudar.

Nos dois anos de CPOR, fez camaradagem com futuros reservistas que também iriam para a guerra. Um deles foi Salomão Malina, que nos anos 1980 seria o último secretário-geral do Partido Comunista Brasileiro. Muitos anos mais tarde, colegas de sua turma de 1944 o localizaram numa de suas viagens ao Rio de Janeiro, e ele compareceu a alguns encontros comemorativos, mais especificamente com os companhei-

1 A missão de instrutores americanos enviada ao Brasil devia treinar os convocados, modernizar o aparato bélico das Forças Armadas e moldá-las à doutrina americana. Seu comandante era o general Lehman Miller, adido militar no Brasil.

2 Entrevista a Eugênia Fernandes, jun. 1994, Radio France Internationale.

ros de camarote do navio em que embarcaram. Numa dessas confraternizações, celebrada num clube da Zona Sul carioca, o colega e dentista Israel Rosenthal, que viajara no mesmo camarote de Celso, lhe entregou uma cópia do "diploma" de passagem pela linha do equador, feita tradicionalmente sob os auspícios de Netuno e com a assinatura de todos os jovens oficiais.

Em 17 de dezembro de 1944, Celso foi chamado a comparecer ao Estado-Maior. Ali saberia se iria para a guerra e faria exame de saúde, cujos requisitos básicos eram, para um convocado (seu caso), conscrito ou voluntário (estes últimos mal chegaram a 2 mil), medir mais de um metro e sessenta, pesar ao menos sessenta quilos e ter 26 dentes na boca. Sobre a apresentação dos reservistas convocados, ele deixou o texto "A apresentação ao CPOR"[3] (ver p. 125). E, anos mais tarde, este comentário: "Fiquei muito satisfeito por ter sido convocado. Mesmo se houvesse possibilidade de escapar, eu não teria escapado. Podia ter me aproximado de alguém, pedido uma intervenção... Muita gente fez isso".[4]

Justamente nesse mês concluiu a faculdade de direito, e a colação de grau dos 156 jovens bacharéis foi no Teatro Muni-

3 Este, bem como os textos "Na Vila Militar", "A chegada a Nápoles", "Na Paraíba" e "O fascismo como ideologia", foi publicado em Rosa Freire d'Aguiar (Org.), *Anos de formação (1938-1948): O jornalismo, o serviço público, a guerra, o doutorado*. Rio de Janeiro: Centro Celso Furtado; Contraponto, 2014.

4 Depoimento a Maria Claudia Bomfim e Maria Victoria Benevides, Academia Brasileira de Letras, 2003.

cipal. Como funcionário do DASP e, a partir de fevereiro de 1944 — depois de ser aprovado em outro concurso —, do Departamento do Serviço Público do Estado do Rio, sediado em Niterói, Celso trabalhava, então, nas reformas da Secretaria de Segurança Pública e do Departamento de Educação do estado. Também pleiteava uma bolsa de viagem aos Estados Unidos para estudar administração e planejamento dos estados e municípios norte-americanos.

Por ora, os planos de estudo seriam adiados e o projeto de sair do país sofreria uma guinada. Ele sairia, sim, semanas depois, mas em outras circunstâncias: na madrugada de 8 de fevereiro de 1945, o aspirante a oficial de infantaria Celso Monteiro Furtado embarcava para a Itália, a bordo do navio-transporte *General Meigs*, integrando o quinto, e último, escalão da Força Expedicionária Brasileira.

A data do embarque foi mantida em segredo até poucas horas antes: "Saímos um dia de casa e não voltamos mais. Ficamos retidos por algum tempo, sem podermos nos comunicar com ninguém, porque havia necessidade de segredo, havia espionagem, os submarinos alemães estavam ali perto, então ficamos isolados por algum tempo".[5]

Uma das últimas cerimônias que precederam o embarque para a Itália foi a festa em que os expedicionários encontraram suas "madrinhas". É que, dias depois de o Brasil declarar guerra aos países do Eixo, fora criada por iniciativa da primeira-dama, dona Darcy Vargas, a Legião Brasileira de Assistência (LBA), cujo objetivo, de início, era prestar assistência social aos soldados que fossem para o exterior. Não custa lem-

5 Depoimento a Maria Claudia Bomfim e Maria Victoria Benevides, op. cit.

brar que muitos dos 25 mil expedicionários vinham de regiões distantes, eram pouco letrados, às vezes não tinham sequer para quem escrever ou quem lhes mandasse notícias. Assim, as voluntárias recrutadas pela LBA deveriam amparar os futuros combatentes e suas famílias, enviando-lhes notícias alegres do Brasil, cartas com lembranças da terra, incentivando-os, tomando providências junto às suas famílias por vezes desassistidas. As madrinhas eram, em geral, moças da boa sociedade carioca. A de Celso foi a srta. Lina Hazan, jovem que vivia com os pais no bairro do Flamengo. Na festa, madrinha e afilhado se desencontraram, um nem sequer se lembraria do rosto do outro. Mas trocaram ao menos três cartas, ela enviando do Brasil uma foto vestida com "toalete de inverno", em São Paulo, ele respondendo, da Itália, com o envio de um retrato.

O *General Meigs*, ancorado no cais da praça Mauá, levava pouco mais de 5 mil homens, sendo 247 oficiais e 4800 praças. Na bagagem, o equipamento necessário para o dia a dia na guerra, e também as fotos da família, os objetos pessoais, e até, para os músicos, pandeiros e gaitas. Antes da partida, o presidente Vargas foi cumprimentá-los a bordo, bem como fotógrafos, que clicaram os oficiais uniformizados, Celso entre eles. O *General Meigs*, na verdade, era a peça principal de um comboio, já que fez toda a travessia protegido por navios-escolta brasileiros. Depois de catorze dias, chegaram a Nápoles, onde, nas águas da baía, os brasileiros viram muitos navios encalhados e avariados pelos bombardeios, que também atingiram praticamente todas as casas ao redor. Foi essa a primeira visão que tiveram de uma terra europeia.

A chegada à Itália do quinto escalão, comandado pelo tenente-coronel Ibá Jobim Meireles, foi contada em longa reportagem pelo correspondente de guerra Rubem Braga, publicada só um mês depois, no *Diário Carioca*:[6] "Ontem às nove horas da manhã, uma bela manhã de sol, chegou um grande navio-transporte americano trazendo a quarta leva de brasileiros para a Itália".[7] Braga, a bordo, conversou com alguns oficiais e anotou seus nomes e endereços para publicar no jornal. Lá se encontra, na página 4, entre os recém-chegados, "Tenente Celso Furtado, rua Aristides Espínola, 37, ap. 201". Uns pedem ao jornalista que publique um recadinho: "Chegamos bem", outros mandam lembranças à mãe, à namorada, ao pai. Braga conta em detalhes o desembarque, e admite que resolveu "filar o almoço de bordo", que para sua surpresa foi servido por soldados brasileiros e não mais, como nas viagens anteriores, por americanos.

Entre os que chegam, "há um rapaz moreno que também é tenente e é filho do escritor Gilberto Amado: Frederico Gilberto Amado, que manda abraços para os irmãos (vai um meu, especial para o confrade amigo e velho fiador Genolino)".[8] Justamente no camarote apertado em que Celso viajara a bordo do *General Meigs*, com beliches de lona, havia quatro aspirantes da ativa e catorze aspirantes da reserva. Um deles era o filho de Gilberto Amado, um luminar da época, advoga-

6 Rubem Braga, "Contribuição de 'Valdemar' à cordialidade existente entre brasileiros e norte-americanos", *Diário Carioca*, 21 mar. 1945.

7 Tratava-se do quinto escalão. A confusão talvez resulte do fato de que o segundo e o terceiro escalão tinham partido do Brasil no mesmo dia.

8 Rubem Braga, op. cit. Genolino Amado era irmão de Gilberto Amado.

do, político e diplomata, e autor do tiro mortal desfechado anos antes contra o poeta Aníbal Teófilo, num salão nobre do Rio de Janeiro. Como se verá no texto “Na Vila Militar” (p. 129), que Celso escreveu semanas depois de voltar ao Brasil, houve um desentendimento entre ele e Frederico Gilberto, que não queria ser convocado — era corrente jovens das classes média e alta apelarem para um “pistolão” — e tentou escapar numa unidade “não expedicionária”, alegando que Celso estaria na mesma situação. Ambos foram para a guerra.

Também a bordo estava mais um correspondente de guerra, que foi se juntar ao pequeno time de jornalistas que cobriam o conflito, como o próprio Rubem Braga, Joel Silveira e Egydio Squeff. Rubem Braga se refere, na reportagem do *Diário Carioca*, ao “rapaz alto e magro, Thassilo Augusto de Campos Mitke, que vem como redator e, principalmente, como fotógrafo da Agência Nacional”.[9]

Muitos anos depois, Thassilo Mitke relembraria o desembarque naquele 22 de fevereiro de 1945:

> Agora em águas do Mediterrâneo, depois das despedidas dos navios-escolta brasileiros, na entrada de Gibraltar, o transporte de tropas *General Meigs* passa a ser comboiado por belonaves inglesas. Os alto-falantes lançam novas instruções, agora sobre o desembarque em Nápoles. Foram distribuídas rações K para todos os homens. [...] Tudo preparado para o desembarque. Milhares de homens, acomodados nos vários compartimentos do grande transporte de guerra, aguardam o momento de pisar o

9 Thassilo Mitke é coautor, com Joel Silveira, do livro *A luta dos pracinhas* (Rio de Janeiro: Record, 1983).

solo italiano. Todo um dispositivo aguardava os brasileiros, que foram conduzidos, logo depois do desembarque, ao *rest center* de Bagnoli, nos arredores de Nápoles.[10]

Celso descreverá as condições um tanto precárias e a temperatura gélida que fazia naquele centro de acolhida dos brasileiros — a seu ver, uma escola ou um quartel, como escreve em "A chegada a Nápoles" (p. 133). Dias depois, sairão todos num comboio de caminhões que os levará — alguns irão de lancha — para o norte do país. Recebendo diariamente, dos militares americanos, um maço de cigarros, uma caixa de fósforos e uma barra de chocolate, já nesse primeiro deslocamento — no seu caso, rumo a Livorno — Celso se chocaria com a visão de crianças famintas e adultos maltrapilhos pedindo e apanhando na estrada cigarros e guimbas jogados pelos expedicionários.

A bordo do *General Meigs*, submetido a um regime estrito de blackout, ele fez, aos 24 anos, um maduro balanço de sua vida de "jovem", certo de que na guerra se encerraria um ciclo. Repensando nos cinco anos que passara no Rio, desde que chegara da Paraíba para cursar a faculdade de direito nos primeiros dias de 1940, esboçou um resumo de sua vida:

> Havia meu programa de vida: estudar o Direito, ciência do meu pai, seguir a advocacia, dedicar-me aos estudos, viajar para aprender, publicar obras. A minha vida de estudante fora uma progressão de sucessos; as minhas qualidades intelectuais e morais estavam bem acima da média, sabiam todos. Acostumara-

10 Cf. *A luta dos pracinhas*, op. cit.

-me a ver tudo de cima. Foi nesse ponto da reconstrução racional do meu ser que me chamaram (ou ordenaram) a ligar-me a um outro destino. Não era bastante cedo para alegrar-me, nem demasiadamente tarde para entristecer-me.[11]

Quando o quinto escalão da FEB chegou a Nápoles, Roma já havia sido libertada, em 4 de junho de 1944; já se fizera o Desembarque das Forças Aliadas na Normandia, em 6 de junho do mesmo ano; e na Itália o inimigo nazista já recuara para o norte pela chamada Linha Gótica. A linha de frente, onde lutariam os Aliados até o final, se situava no rio Arno. Celso foi logo enviado a Florença, onde fez um treinamento intensivo de mecânica de automóveis e caminhões. A partir de então, comandou comboios para levar a tropa até a linha de frente. "Eu ouvia todas as conversas e via os perigos que todos passavam, como o sujeito que pisava numa mina, coitado, sem saber! Morria-se estupidamente na guerra, e não só no front. Os acidentes eram muitos."[12] Em junho e julho, esteve num acantonamento em Livorno, como intérprete e oficial de ligação entre a FEB e o V Exército americano, ao qual os brasileiros tinham sido incorporados. Dessa missão, recebeu do major Aguinaldo Dias Uruguay, chefe do Posto Regulador, uma dessas citações feitas a soldados que se destacam: "É um oficial compenetrado, age com muita presteza e certo. Já deixa ver que nos postos superiores manterá sempre atitude e ações das quais resultará lucro para o Exército e para si próprio".

11 Cf. Celso Furtado, *Diários intermitentes: 1937-2002* (São Paulo: Companhia das Letras, 2019).

12 Depoimento a Maria Claudia Bomfim e Maria Victoria Benevides, op. cit.

Em abril de 1945, momento da ofensiva final, multiplicaram-se os comunicados e folhetos, desses feitos para levantar o moral das tropas e distribuídos também aos soldados brasileiros. Celso guardou alguns. Um deles, assinado pelo general Mark W. Clark, comandante do v Exército, é dirigido "aos soldados do 15º Grupo de Exércitos"[13] e anuncia, num português mal traduzido: "Temos agora uma oportunidade como nunca nos foi dada para dar um golpe decisivo. O nosso inimigo está enfraquecido pelas derrotas severas que tem sofrido nas outras frentes e o choque de um forte ataque aqui salvará muitas vidas, fará muito para acelerar a sua derrota final e a chegada do dia da vitória". Outro chamamento vem na "Ordem do dia Especial" assinada pelo britânico marechal de campo H. R. Alexander, comandante em chefe aliado do teatro de operações do Mediterrâneo. Num comunicado curto, dirigido aos "soldados, marinheiros e aviadores das Forças Aliadas no Teatro Mediterrâneo", ele anuncia:

> A vitória final está perto. As forças alemãs estão agora muito cambaleantes e só precisam de um golpe poderoso para acabarem para sempre. Chegou o momento de nos lançarmos à última batalha que terminará a guerra na Europa. Não será um passeio. Um animal mortalmente ferido ainda pode ser muito perigoso. Vocês, que venceram cada batalha que lutaram, vão vencer esta última. Avancem, portanto, para a batalha com confiança, fé e determinação para que isso chegue ao fim. Deus os guarde e boa sorte para todos.

13 A FEB estava incorporada ao 15º Grupo de Exércitos Aliados, por sua vez formado pelo v Exército, americano, e pelo VIII Exército, inglês.

Finalmente, o tenente-general Lucian K. Truscott, Jr., do Exército americano, também envia um comunicado, em inglês, a todos os oficiais e soldados do V Exército. Num tom bem mais beligerante, ele faz exortações às tropas:

> O sucesso depende da execução e o sucesso desta operação está em suas mãos. Os olhos do mundo estão em nós. Deixemos cada oficial e cada homem fazer seu dever completo. Sejam corajosos, tenham confiança em si, em seus camaradas, seus líderes, na sua superioridade sobre o inimigo. Usem suas espadas, empreguem todos os meios disponíveis para dominar o inimigo. A velocidade é vital — usem suas pernas esplêndidas. Sejam agressivos — sejam durões — ao atacar o inimigo, tentem matar e destruir, e conquistem seu objetivo a todo custo. Finalmente, estejam alertas — usem sua iniciativa — aproveitem todas as oportunidades — não deem trégua ao inimigo. Destruam-no. Vejo esta operação com suma confiança numa gloriosa vitória. Tenho orgulho de ser o comandante de vocês.

As exortações feitas pelo trio que comandava o teatro de operações no Mediterrâneo foram bem-sucedidas. Em fins de abril, a última ofensiva dos Aliados na Itália levava à vitória contra o nazismo. Em 28 de abril, Mussolini e sua amante Clara Petacci eram apanhados pelos partigianos e fuzilados, e seus corpos pendurados de cabeça para baixo, numa praça de Milão. No mesmo dia, a 148ª Divisão alemã se rendia à FEB. No dia 30, Hitler se suicidava em Berlim, em 2 de maio terminava a guerra na Itália, no dia 7 o general alemão Alfred Jodl assinava, em Reims, a rendição incondicional da Wehrmacht, e no dia seguinte era celebrado o Dia da Vitória na Europa. Os soldados da FEB ainda ficariam, até 3 de junho, como tropa ocupante na Itália, e em seguida começariam a retornar ao Brasil.

Durante a ofensiva final, no norte da Itália, "naquela corrida em que os Aliados iam para a frente e os alemães debandavam", Celso sofrera um sério acidente quando atravessava uma estrada que fora bombardeada e o jipe onde estava capotou e rolou montanha abaixo. Ele foi apanhado ao pé de uma ribanceira, puseram-no num saco e levaram-no para um hospital de campanha americano. "Quando acordei, no dia seguinte, tinha uma enfermeira americana me olhando. Tinham me operado. Na vista. Porque foi um corte na cabeça e outro na perna. Durante algum tempo fiquei com um problema de vista. Depois fiquei bom."[14]

Historiadores da FEB apontam que a correspondência dos combatentes foi caudalosa. O serviço postal dos expedicionários, sediado em Nápoles, teria recebido e enviado, ao longo dos nove meses que durou a campanha da FEB na Itália, entre setembro de 1944 e maio de 1945, nada menos que 1,3 milhão de cartas e 240 mil telegramas.[15] Celso não fugiu ao frenesi epistolar. Levou para a guerra um caderno de capa de cartolina cinza, na qual anotou: "Correspondência da Itália, asp.[irante] of.[icial] R/2, 1G 260417, Fev. de 1945". Nesse caderno escrevia sobre a degradação da sociedade italiana, a população ao abandono, se não na miséria, a desorganização do país, o cotidiano nos vilarejos pelos quais passavam e onde

14 Cristovam Buarque, *Foto de uma conversa: Celso Furtado e Cristovam Buarque*. São Paulo: Paz & Terra, 2007.

15 Cf. João Barone, *1942: O Brasil e sua guerra quase desconhecida* (Rio de Janeiro: Nova Fronteira, 2013), p. 181.

às vezes pernoitavam, as italianas, o fascismo. Em algumas cartas, comenta o que, a seu ver, é um processo de regressão moral, que ora choca ora irrita. Também há muitas anotações sobre as belezas que pôde conhecer nos arredores dos sucessivos acantonamentos, durante os dias de folga e depois do fim das hostilidades. É que a partir de maio, terminados os combates, os expedicionários puderam circular para mais longe dos alojamentos e quartéis. Assim, Celso foi a Roma, Pompeia, a outras cidades da Itália, que, como diz numa carta à mãe, tinha tudo para deslumbrar um "bicho do mato como eu, nascido no sertão da Paraíba".

No verão de 1945, conseguiu "acender uma tocha" — uma escapada, no jargão militar da época. Tudo era complicado, pois precisava dispor de uma boa caminhonete e, sobretudo, de muito combustível, que era racionado para não faltar aos veículos militares. Nos papéis que trouxe da guerra, há uma autorização para uma "tocha". Escrita em inglês e assinada pelo major-chefe Aguinaldo Dias Uruguay, a folha datilografada diz: "Os oficiais segundo-tenente Sandoval de Oliveira Reis, 1.G e Segundo-tenente Celso Monteiro Furtado estão autorizados a viajar no veículo número 20.179.018 para o norte da Itália onde eles podem permanecer a partir de 7 de julho". Foi nessa viagem que conheceu o lago de Como, a que se refere em contos e em cartas aqui publicadas. A "tocha" se desdobrou em outra, mais longa e ansiada, no mês de agosto: uma viagem à França. Depois de paradas em Nice e Cannes, Celso e um colega chegaram a Paris, tentando se orientar com um mapa obtido na Itália, da American Red Cross, onde a Cruz Vermelha assinalava todos os postos que tinha na capital francesa. Suas primeiras impressões, o deslumbramento com a cidade, a experiência dos velotáxis — triciclos de tração humana —, os encontros com as francesas estão saborosamente narrados para amigos chegados.[16]

A correspondência dos expedicionários era sempre censurada; muitas cartas enviadas do Brasil, de familiares e amigos dos soldados, eram abertas, rasuradas, cortadas, ainda no Rio de Janeiro, pelo Departamento de Imprensa e Propaganda (DIP), o órgão oficial de censura do governo Vargas. Mas o corrente era o serviço postal da FEB, na Itália, analisar toda a correspondência postada no Brasil e também a enviada.

O cotidiano da guerra não devia ser relatado. O medo de que os inimigos se dessem conta da vulnerabilidade dos soldados levava a censura postal a proibir, até mesmo, comentários sobre as rações e a mudança de hábitos alimentares que pudesse ser a causa de problemas intestinais. E, naturalmente, qualquer indicação do lugar onde estavam era motivo de censura, evitando-se assim que as cartas, se caídas em mãos do inimigo, denunciassem a localização dos brasileiros.

Daí que as cartas que Celso enviou à família e que sua mãe guardou, devolvendo-as muitos anos depois, tragam no cabeçalho apenas "Itália", sem indicar a cidade em que ele estava ao escrevê-las, em geral à luz de vela e apoiando na coxa a folha de um bloco da United States Navy. Em todos os envelopes, tanto das cartas enviadas como das recebidas, lê-se "Aberta pela censura". Daí também que no tom da correspondência não transpareça o conflito. Poucas vezes Celso se referiu ao "troar dos canhões". Seus correspondentes mais assíduos foram, além da mãe, Maria Alice, e do pai, Maurício, uns pou-

16 Ver carta a Cleantho de Paiva Leite, 20 ago. 1945, p. 182.

cos amigos da Paraíba e que então já moravam no Rio, como Adhemar Nóbrega, Cleantho de Paiva Leite e Edison Cézar de Carvalho. Os envelopes enviados do Brasil, todos "via aérea" e debruados com a tradicional faixinha verde e amarela, iam endereçados ao "Tenente Celso Monteiro Furtado, 400 R — FEB". São cartas que falam de familiares, mas também da vida política no Rio de Janeiro naquele ano agitado de 1945, cujas notícias custavam muito a chegar aos pracinhas. Algumas levam pedidos, "para quando você voltar da Itália", escreve a mãe. Ela lhe pede um terço, benzido pelo papa — dois, aliás, um para ela e um para uma amiga. Celso os trouxe, e mais três exemplares da "bênção papal", que era um suvenir muito apreciado na época. Há quem lhe peça um livro de "músicas para piano de algum italiano, ainda que desconhecido". Quanto às cartas enviadas, Celso guardou o rascunho de muitas no caderno que levou para a Itália. Quanto àquelas aqui incluídas, limitamo-nos a reproduzir os trechos relativos à vida no Brasil e na Itália durante os meses em que ele participou da Segunda Guerra Mundial.

Antes de sua vida de expedicionário, Celso já escrevera sobre a guerra, em reportagens publicadas na *Revista da Semana*, onde trabalhou como jornalista desde 1940. Numa delas, a que deu o título "Os inimigos de Chopin",[17] contava o triste episódio ocorrido em 1941, quando um comando nazista cortou a cabeça de uma estátua de Chopin na Polônia ocupada e a transportou num vagão aberto até uma fundição. Era

17 *Revista da Semana*, ano XLIII, n. 14, abr. 1942. O molde original da estátua sobreviveu à guerra e possibilitou a criação de uma réplica, instalada desde os anos 1950 no parque Lazienki de Varsóvia.

uma estátua feita em 1907 por um grande artista polonês, Waclaw Szymanowski. As fotos dessa barbaridade chegaram à *Revista da Semana*, e ele escreveu:

> Não há inimigo da Polônia que não se julgue igualmente inimigo de Frederico Chopin. Já em 1863 os cossacos, que haviam sido enviados ao Vístula para debelar uma insurreição de poloneses, durante o assalto ao palácio do conde Zamoyski, em Varsóvia, jogaram pela janela o piano que fora de Chopin. Com isso julgavam insultar a cultura polonesa. E no entanto a humanidade toda se sentiu insultada. Invadida a Polônia em 1939, os novos dominadores da velha nação católica, entre outras medidas ditas de caráter policial, proibiram a audição da obra chopiniana. Não se trataria agora de um insulto mas de medida pensada, com finalidades definidas.

E concluiu: "Já foi destruído o monumento a Chopin. Já foi reduzido a ferro-velho. Fica a esperança de que com o seu bronze talvez seja fundido o sino que um dia, em seu bimbalhar festivo, anunciará aos homens o fim desta longa noite de trevas".

No final de 1942, quando o exército nazista e as tropas da União Soviética travavam a decisiva Batalha de Stalingrado, Celso escreveu mais um artigo, de duas páginas, ilustrado, sobre a guerra.[18] O que então lhe parecia claro era que Hitler, que já estava desde os últimos dias de novembro "a braços com a fulminante contraofensiva de Timoshenko na curva do Don e assombrado com a crescente concentração de forças rus-

18 "O mundo em guerra", *Revista da Semana*, ano XLIII, n. 51, dez. 1942.

sas", acabaria por repetir o que se dissera a respeito dos alemães depois de sua fracassada investida na França, em 1914: "eles contaram meticulosamente com tudo, mas esqueceram uma coisa: o valor do inimigo [...]. Depois de Stalingrado eles devem saber que são impotentes para curvar a Rússia, tanto quanto souberam que o eram para curvar a Inglaterra, depois do outono de 1940".

No pós-guerra, quando preparava seu doutorado na França, Celso escreveu pelo menos dois textos em torno da temática da guerra e do fascismo. O primeiro foi sobre o papel dos intelectuais durante o conflito, em que visava especialmente Aldous Huxley, o conhecido inglês autor de *Admirável mundo novo*. Sob o título de "Idolatria e irracionalismo",[19] não mediu palavras:

> Uma das consequências mais persistentes da guerra é o "drama de consciência" dos homens de pensamento. Persistente e deletéria. O homem que esteve em Dachau, que sofreu em sua carne o extremo da degradação; o indivíduo que passou a guerra de armas na mão e se mutilou no corpo e no espírito, representam para a sociedade de hoje uma carga menos negativa do que o "intelectual" que testemunhou o drama de seu gabinete. Aqueles são doentes sociais identificados, fichados, talvez hospitalizados. Os outros, os "homens que sofreram na consciência" a tragédia, estão por toda parte confundidos com as criaturas sãs, a escrever livros e artigos, a dar o "seu testemunho", a ditar orientação. É o caso do escritor inglês Aldous Huxley. Durante a guerra refugiou-se nas paragens amenas da Califórnia, para não

19 Texto manuscrito, Paris, *c.* jul. 1947. Título do autor.

se infectar de "psicose de guerra". Furtou-se mesmo ao ruído das bombas. Agora que tudo serenou, se sente com forças para sacar da palmatória, arrastar-nos de joelhos a seus pés e nos dar uma lição de sabedoria. É a impressão que tenho lendo um capítulo de seu livro *Philosophia Perennis* publicado no primeiro número da revista francesa *Civilisation*.[20]

O segundo texto que ficou num de seus cadernos era sobre o fascismo, cujas consequências ele tivera oportunidade de observar, na Itália, e sobre o nazismo na Alemanha. Deu-lhe o título de "O fascismo como ideologia" (ver p. 147).

A experiência da guerra teve, decerto, influência em sua visão dos problemas de administração pública, planejamento, organização estatal, com que tanto lidou nos anos seguintes, tanto como economista das Nações Unidas, na sede chilena da Comissão Econômica para a América Latina (Cepal), como, bem mais adiante, à frente da Superintendência do Desenvolvimento do Nordeste (Sudene) e primeiro ministro do Planejamento do Brasil, no governo de João Goulart. Na Itália, convivendo com militares brasileiros e americanos, vira a importância da organização para um exército em guerra. Vira também a incompreensão de alguns camaradas que, diante de um veículo enguiçado, tinham mais fé no "jeitinho" brasileiro do que nos manuais americanos, que recomendavam, simplesmente, a troca da peça avariada. Vira, mais ain-

20 Referência à revista *Chemins du Monde*, que em seu primeiro número (Paris, Éditions de Clermont, jan. 1947) traz a palavra *Civilisation* estampada na capa e reúne textos de autores franceses e estrangeiros, entre eles o de Huxley, sobre a ideia de civilização.

da, que o planejamento podia ser essa "perigosíssima arma de dois gumes" que abriria a porta para o fascismo implantado na Itália: "A planificação social não é mais do que uma técnica — ela se legitima pelos fins a que serve. É uma perigosíssima arma de dois gumes, que torna possível dirigir o pensamento do homem, acena para a mais perigosa das armas de opressão. Em face disso, avulta a necessidade de educar o homem para pô-lo a salvo do canto de sereia dos ditadores".[21]

Celso chegara ao Rio em 17 de setembro de 1945, a bordo do navio-escola *Duque de Caxias*. Regressavam no mesmo navio a banda de música que acompanhara os pracinhas na Itália, muitos civis e alguns feridos. Houve escala em Lisboa, em grande pompa, com jantar oferecido aos oficiais brasileiros e desfile dos combatentes na avenida da Liberdade, na presença do presidente português general Óscar Carmona. Celso não desfilou, preferiu andar pela cidade e descobrir o monumento a Eça de Queiroz, na rua do Alecrim. No Rio, tal como ocorrera com os outros escalões, o dia da chegada foi feriado. Getúlio Vargas subiu a bordo do navio para saudar os 1800 combatentes, e novamente os saudou, à tarde, quando desfilaram e passaram diante do palanque presidencial, armado em frente ao Ministério da Guerra. Esses desfiles atraíam uma multidão de moças, e também camelôs que vendiam caixotes para que todos pudessem ver do alto, numa espécie de arquibancada improvisada, os "bravos expedicionários", dizia a imprensa, os "meus valentes patrícios", dizia Getúlio Vargas. Celso tampouco desfilou.

21 "Planificação social". Texto manuscrito, palestra de abertura do simpósio sobre Planificação, 8 jun. 1946, Academia Fluminense de Letras.

Tinha sido incorporado à FEB, por portaria, em dezembro de 1944. A desmobilização custou a ser assinada. Só foi excluído dos registros da FEB em 30 de novembro de 1945, quando já fazia seis meses que o conflito terminara e dois meses que ele retornara. O total de tempo de serviço, segundo os documentos de "baixa", foi contado em dobro, por ter ele estado no teatro de operações do Mediterrâneo.

Celso trazia na bagagem seu capacete de aço, fornecido pelo V Exército, sua farda de segundo-tenente, a máscara de gás e escudinhos da FEB. À guisa de "troféus de guerra", trouxe também um capacete do exército nazista, uma carta dirigida a um soldado alemão e que terminava por "Heil Hitler" — coisas que os soldados costumavam encontrar, abandonadas, numa casamata. Poucos meses depois, já no Brasil, receberia duas condecorações: a Medalha de Guerra, outorgada a militares da ativa e civis da reserva que tivessem prestado serviços relevantes no conflito; e a Medalha de Campanha, conferida aos que tivessem participado das operações "sem nenhuma observação desabonadora". No reverso da Medalha de Guerra, a data de 22.VIII.42 indicava o dia da declaração de guerra ao Eixo; no da segunda, a data era 16.VII.44, quando chegaram os primeiros soldados à Itália. Do contingente de 25 mil expedicionários, 590 receberam a Medalha de Campanha, e 113, a de Guerra.

Para Celso, começa, então, o *seu* pós-guerra. Mal desembarca, registra num caderno que se sente "um pouco perdido". Fora para a guerra aos 24 anos, voltava aos 25, certo de que aquele período seria um divisor de águas. Tem o seu diploma da faculdade de direito, mas toma a decisão definitiva:

não será advogado, não seguirá a carreira jurídica. Pensa em morar fora do Brasil e, caso a bolsa para os Estados Unidos não seja concedida (como não foi), quem sabe ir para a França, ou mesmo para a União Soviética, estudar planejamento. A menos que se torne escritor. E, se lhe faltar talento para a ficção, escreverá sobre planejamento, ciências sociais, política, economia. Tudo está registrado em seus cadernos. Ainda em setembro de 1945, dias depois da chegada ao Rio, escreve sobre os anos do CPOR e da guerra. Rabisca projetos de livros. Um, de ensaios, se chamaria "A traição das mulheres: Estudo sobre o papel das mulheres na civilização" — com o objetivo de "valorizar as qualidades femininas para a constituição de um mundo superior". Pensa num depoimento sobre a FEB e a Itália, dividido em quatro partes: A Itália devastada; A FEB; Os americanos e nós; A outra Itália. O projeto não avança. Retoma o trabalho no Departamento do Serviço Público, em Niterói, onde agora chefia a Seção de Organização, e se interessa cada vez mais por administração e planejamento.

Entre outubro e novembro, faz uma longa viagem à Paraíba, reencontra os amigos e Lenira, uma antiga namorada. Em João Pessoa, pedem-lhe para contar a guerra. Ele contará, a partir de um texto já esboçado ("Na Paraíba", p. 137). Depois de João Pessoa, vai para a estação termal de Brejo das Freiras, no sertão, e ali escreve alguns contos. Já tinha escrito quatro, a bordo do *Duque de Caxias*.

Se muitos ex-combatentes deixaram memórias e diários, Celso optou pela ficção, certo de que no teatro da guerra percebera "uma nova dimensão através do sofrimento resignado e da consciência de fragilidade da vida", como registrou num dos contos. *De Nápoles a Paris: Contos da vida expedicionária* será publicado em 1946, pela editora Zelio Valverde, a mesma que editou *Com a FEB na Itália*, testemunho de Rubem Braga sobre a guerra. Nesses dez textos (ver p. 33), que mais parecem crônicas, estão presentes o cotidiano dos expedicionários, as cidades por onde passaram, os desfiles dos partigianos em vilarejos recém-libertados pelos Aliados, as moças de cabeça raspada por terem colaborado com o inimigo, as casas abandonadas onde dormiam com certo conforto, tomavam banho, coavam café recém-chegado do Brasil, comiam algo além das rações, em especial da pior de todas, a chamada ração K, de comidas frias, pós para diluir em sopa ou em suco, biscoitos amargos e chicletes: "Contei o que pude contar", diria Celso cinquenta anos depois.[22]

O livro teve boa fortuna crítica (ver p. 115). Mas meses depois a editora fechou e o autor não quis mais saber do livro de estreia.[23] Antes, porém, escreveu ao amigo de seu pai, José Veiga, apelando para o humor: "Eu tinha o dever de compartilhar com alguns amigos o prazer dessa grande maçada que foi a guerra. Só que eu fiquei com o prazer e os amigos com a maçada... de me ler".[24]

Celso não gostava de falar da guerra. Eludia o tema. Ter integrado o corpo de combatentes na Itália, de onde retornou em 1945 com duas medalhas, e vinte anos depois, em seguida

22 Entrevista a Eugênia Fernandes, op. cit.

23 *De Nápoles a Paris* foi publicado, como texto introdutório, em Celso Furtado, *A fantasia organizada* (São Paulo: Paz & Terra, 1997).

24 Carta a José Veiga, Rio de Janeiro, 22 jun. 1946.

ao golpe militar de 1964, ter sido punido com a cassação de direitos e a demissão do emprego no DASP "a bem do serviço público", pelo marechal-presidente Castelo Branco — herói da FEB —, sem dúvida tinha algo a ver com esse silêncio. A punição, aliás, viera acompanhada — o que ele só descobriu muitos anos mais tarde — de um complemento algo estranho: por "decreto secreto", o governo militar cassava-lhe também as medalhas outorgadas antes do golpe, portanto as duas da Guerra, justamente as únicas a que dava algum valor. Quando, em 1986, de volta ao Brasil depois de vinte anos de exílio, assumiu o Ministério da Cultura, criou-se uma situação insólita. Comunicaram-lhe que seria agraciado com uma condecoração de um ministério militar. Contrariado, fez saber que não aceitaria mais nenhuma medalha, afinal concedida meramente em razão do cargo que ocupava, enquanto não lhe devolvessem as cassadas. Um decreto presidencial providenciou a devolução.

Numa entrevista a Cristovam Buarque em 1991,[25] estendeu-se um pouco mais sobre a guerra que vira de perto meio século antes. Sua ida para a Itália tivera "muito mais a ver com a luta contra a ditadura no Brasil do que com a guerra contra o nazismo na Europa". Mais que isso: "A FEB foi uma conquista dos brasileiros que lutavam contra o nazismo interno. Éramos progressistas, achávamos que o Brasil devia participar. Quando aceitamos aquela participação, o que queríamos era mudar o país". E, ainda que a presença dos brasileiros não houvesse contribuído significativamente para a vitória, a ida deles teve "enorme valor para nós, porque era uma afirma-

25 Cf. *Foto de uma conversa: Celso Furtado e Cristovam Buarque*, op. cit.

ção nacional e permitia fortalecer as forças democráticas que queriam renovar o Brasil". De fato, no mês seguinte à chegada de Celso ao Rio, Getúlio Vargas era deposto, num golpe armado pelo ministro da Guerra, general Góis Monteiro, e apoiado pelo general Dutra. Desmanchava-se o Estado Novo, a ditadura que durara oito anos.

Três anos depois dessa entrevista, Celso voltou ao assunto da guerra, que preferira por tantos anos esquecer. Foi quando, em junho de 1994, se completaram cinquenta anos do Desembarque dos Aliados na Normandia e ele falou para uma rádio na França:

> Quando correu a notícia do término da guerra na Europa, eu me encontrava num acampamento da FEB, num bosque da Toscana. Recordo que no dia da capitulação da Alemanha, 8 de maio, os americanos exibiram para nós, brasileiros, um filme documentário sobre os campos de concentração dos nazistas. Fiquei muito impressionado. A ideia que eu tinha da Alemanha era um pouco fantasista, longe da realidade. Eu nunca havia imaginado que o comportamento humano pudesse descer àquele nível de abjeção. Foi uma dura lição do mal que pode fazer um povo civilizado quando ensandecido pelos ódios políticos e raciais. O inimigo que acabava de ser abatido era a personificação do Mal absoluto.[26]

A participação na Segunda Guerra Mundial ficou-lhe na lembrança ora como um "instrumento de luta contra o fascismo interno", ora como uma "peripécia", ora mesmo — são os

26 Entrevista a Eugênia Fernandes, op. cit.

termos que se encontram em suas anotações — como "um passeio". Em nossas idas a Florença, porém, percorrendo a beira do Arno ele se lembraria da cidade em 1945, submetida ao absoluto blackout, "a cidade noturna sem luz, em sua feição primitiva, como Dante a percorrera".

Rosa Freire d'Aguiar

1. De Nápoles a Paris: Contos da vida expedicionária

Os fatos narrados nestes contos são substancialmente verdadeiros. Mas, porque são traços gerais, não pertencem a ninguém. Muitos nos encontraremos aí; entretanto, não nos faltará a certeza de que as experiências gerais couberam a todos nós.

Rio de Janeiro, 1945

Dois cigarros

Pode-se fazer um exame de consciência no curto período de um cigarro... E os meus pensamentos se diluíam ao sopro de uma dessas rajadas matinais que se alisam nas planícies do Pó e descem velozes sobre a Emília.

Num solavanco, o Dodge atravessou um arco de tijolo vermelho e penetrou na estrada asfaltada.

Chegara àquele pequeno vilarejo, nas redondezas de Módena, já no fim da tarde. E numa coincidência alegre encontrara dois camaradas que se dispunham a ali comer e ali dormir.

Subimos para um casarão isolado que tinha uma tabuleta em tinta fresca, anunciando vinho. Pedimos que nos esquentassem a ração, que nos fornecessem água quente para passar o café, e que nos deixassem provar o melhor vinho branco da casa. A janela exibia um vasto trecho de planície, que um resto de luz persistia em iluminar. Calados, bebíamos metodicamente. Cada um sabia que os outros estavam a recordar a sua terra. Mas um pudor quase místico nos coibia de pronunciar sequer o nome daqueles lugares sagrados. Qualquer coisa ligava dentro de nós a pátria distante aos amigos mortos ali perto. E a precariedade do futuro dava ao passado uma significação e um valor que nunca lhe suspeitáramos.

Interrompi aquele silêncio que me constrangia e narrei um caso curioso ocorrido comigo nos arredores de Bolonha, enquanto substituía um pneu. Era quase intencionalmente que eu dirigia a conversa naquele sentido. Todos tínhamos a nossa experiência em *casos*, pela Itália afora. E era com vaidosa satisfação que nos reuníamos, vez ou outra, para narrar as próprias aventuras. Mário, um rapagão alto da artilharia, que estava sentado a meu lado, arrancou os seus olhos grandes e verdes da janela evocadora:

— Ocorreu qualquer coisa de parecido comigo, esta semana. Foi logo que começou a correria para a frente. Eu vinha com um material de manutenção e cansado, e sem conhecer bem os caminhos. Resolvi pernoitar aí em Vignola, onde depois se instalou o nosso quartel-general. Estava com uma doida suspeita de que me perdera e pedi a um paisano que me indicasse um lugar para dormir. Ah! Era um horror a cidade, declarou-me ele. O bombardeio fora terrível e as casas que restavam estavam superlotadas. Mas se eu tinha manta e queria apenas um espaço vazio, era fácil.

"E caminhamos para um bloco de pedra enorme que, na sombra da noite, parecia ocupar metade da cidade. Atravessamos um pátio, entramos numa porta alta e subimos uma escada de pedra em caracol. E dormi em uma sala que na escuridão me pareceu vasta e onde milagrosamente um fósforo nos revelou coisa parecida com um colchão."

E Mário aproveitou a entrada de uma jovem que nos veio renovar o vinho para comentar a maravilha que são esses colchões italianos, mesmo nos últimos recantos da província.

— À noite sonhei que ia a uma festa num grande castelo, na Toscana. A sala de recepções estava cheia de gente séria e todos me olhavam, como se eu estivesse despido. E me crivavam das perguntas mais indiscretas. Por mais que eu me esforçasse para demonstrar erudição em assuntos florentinos, só me perguntavam disparates, como se de mim esperassem apenas disparates. Um bloco de escultura etrusca depositado sobre um pilar chamou-me a atenção, e eu penetrei numa sala contígua, vasta e de teto exuberantemente decorado; o meu desinteresse pela ostentação decorativa levou-me a fugir dali; penetro num corredor sóbrio e frio como um claustro franciscano; depois vem uma nave de estilo gótico com aterradora floresta de colunas. Como um verme, deslizo por entre aquelas colunas que iam se aproximando umas das outras, dando a ilusão de que não tinham fim. Aterrado, corro. As duas últimas colunas, ligadas em ogiva, formam uma pequena janela aberta para o infinito. Bato com a cabeça na coluna que parecia tão longe e estava tão perto. E abro os olhos, que a meia-luz da manhã me deixa embaciados.

"As colunas desapareceram, mas diante dos meus olhos está um teto ricamente trabalhado, de estilo renascente. Encontro-me, atordoado, em meio a um vasto salão suntuosa e requintadamente decorado e pavimentado. Duas janelas se abrem para o espaço, como portinholas de avião.

"Foi somente diante do meu Dodge frio e prosaico, depois de cambalear por uma escada em caracol abaixo, que me convenci de que estava de fato acordado."

Eu meditava nessa velha verdade de que cada coisa que sucede a um indivíduo se parece com ele, quando o segundo cavalheiro — como nos contos de Boccaccio — tomou a palavra. Era um rapaz de maneiras delicadas, moreno e de feições romanas. Eu não o conhecia, mas ouvi-o com prazer.

Fizera uma viagem longa de três dias, usando estradas secundárias, naquela semana trabalhosa. Como desejava aproveitar toda a noite, certa tarde em que havia muito retirante e muita bicicleta pela estrada enveredou por uma via provinciana em busca de repouso. Deparou-se com um grupo de casas, dentro de uma plantação de vinha, que o seduziu. Uma pequena de uns sete anos o recebeu, e outras pessoas acolheram-no logo, com simpatia. Tudo que ele desejava era uma cama; uma cama onde pudesse repousar por duas ou três horas. Precisava viajar durante a noite... Foi um deus nos acuda de atividade. Empurraram a mesa para um lado, puxaram cadeira para aqui e para acolá, e em dois minutos surgiu um catre confortável, quase um leito, em um lado da sala.

— Eu logo me deitei — continuou o camarada com a sua maneira séria e o rosto levantado. — Pus sobre os olhos o lenço de seda verde que trazia ao pescoço e dormi, creio, uma boa hora. Subitamente, acordei, com a sensação de que me haviam despertado. Através do lenço que tinha nos olhos vi, sentada à beira da cama, calmamente trabalhando um crochê, a jovem de olhos ausentes que me servira o vinho de maneira comovedoramente fraternal. A sombra que a seda rala me punha nos olhos dava ao seu rosto uma seriedade trágica. As suas mãos, que dançavam nervosamente no claro-escuro que as dobras do lenço me imprimiam aos olhos, pararam numa decisão brusca e eu as vi caminharem para mim num gesto patético que podia ser uma carícia. Na posição em que estava, eu via apenas as duas mãos, paradas no ar, descendo sobre o meu rosto. Se o sentimento que me inundava não tivesse uma forte dose de voluptuosidade, eu teria gritado de pavor.

"As mãos baixaram, e vi a cabeça decidida que perscrutava

em torno. E logo senti contra o meu corpo o arfar apressado do seu peito e o contato quente dos seus lábios nos meus.

"Uma seriedade de sacerdotisa, que havia nessa jovem, imobilizou o meu desejo de apertá-la entre os braços. E um terror de que ela percebesse que eu estava acordado se apoderou de mim, numa mistura de timidez e respeito humano. Era como se uma freira me beijasse na suposição de que o fazia a uma imagem de Cristo."

Eu estava quase constrangido com a comoção daquele camarada e baixei os olhos respeitosamente quando ele acrescentou:

— Nesse dia eu percebi que era um homem puro.

A volta da normalidade emocional foi trazida pela voz da dona da casa, uma mulher alta e seca, por certo já impaciente para se intrometer na nossa conversa:

— Deus meu. Jurava que eram tedescos, quando entrei na sala. Assim sérios, bebendo, não há diferença. Todos são altos. A farda é a mesma...

A jovem que nos servia vinho encorajou-se e falou também:

— No último dia que aqui estiveram, um disparou a pistola pela janela...

A velha não deixou a jovem continuar. Queria para si as atenções. E dissertou:

— Um meio aloucado. Eu já desconfiava dele. Segunda-feira passada, sentou-se aqui com mais dois, a beber. Discutiam alto, mas não lhes dei atenção. Da cozinha ouvi um ruído de cadeira virada e um deles gritar: "Estou cansado, estou sujo, estou morto. Que querem mais de mim? A minha estupidez já se esgotou!". E outra voz, baixa, respondeu: "Mate-se. Você não merece mais respeito de ninguém". E dois tiros troaram na sala. Logo depois, aquele que me parecia aloucado passou rápido pela cozinha, com uma pistola na mão, e sumiu pelo quintal. Caminhei até a sala e vi que os outros dois continuavam sentados, bebendo. Levantei a cadeira que estava virada.

A mulher seca e alta esboçou um sorriso quando lhe ofereci uma xícara do nosso café. Íamos já nos levantando quando o rapaz de feições romanas, que eu não conhecia, se lembrou de que não terminara a sua história. E, aparentemente sem emoção, nos contou que arranjara um motivo para "acordar". E logo se livrara dessas despedidas rasgadas que tão facilmente se improvisam na Itália. E bebera um último copo de vinho.

— Estava já dentro do carro — concluiu — quando a jovem de olhos românticos se aproximou de mim. Não sei, mas creio que havia qualquer coisa de puramente fraternal nos seus olhos. Eu me senti nesse momento orgulhoso de não me ter aproveitado do seu impulso emocional. E assim, eufórico, sorri e lhe apertei a mão. Ela, como se se livrasse de um caroço atravessado na garganta, disse num soluço: "Você se parece surpreendentemente com o meu noivo". E duas lágrimas rolaram dos seus olhos quando acrescentou: "Ele morreu na batalha do deserto".

Eu fiz humor a propósito de qualquer coisa. A tarde ia sutilmente penetrando pela noite. Aquele começo de primavera ainda era frio. Estava ansioso pelo catre. Dormira sempre irregularmente nas últimas semanas.

O quarto que nos fora preparado era quase confortável. Despi metade da roupa e me estirei logo na cama fronteira à porta. À minha esquerda uma janela aberta mostrava um pedaço desse belo céu italiano, onde as estrelas parece que se reproduzem à proporção que o contemplamos. No conforto que me trazia aquela comunicação com o infinito, os meus últimos impulsos se diluíram, as últimas emoções se desmancharam, e mergulhei docemente no não ser.

Creio que aquele feixe de luz me bateu primeiramente no rosto — e foi isso que me acordou. Mas o sono era tão pesado que despertei apenas pela metade. E foi por detrás dessa penumbra, que a estafa e o sono nos deixam nos olhos, que vi o rastro da lanterna elétrica se deslocar, pousar sobre a mesinha de minha cabeceira e desaparecer. Adormeci, mas acordei meio minuto depois, como se a intuição iluminasse o subconsciente. Olhei pela janela e vi um dos camaradas, ainda fardado, fumando, numa atitude de quem medita ou interroga as estrelas. Se não temesse quebrar a sua contemplação mística, eu teria dito qualquer coisa. Uma bobice qualquer — dessas que dizemos estritamente para não ficar com a boca fechada. Mas esse segundo de vacilação foi suficiente para me devolver ao sono.

Na manhã fria, pulei da cama, nesse temor de perder tempo que nos acompanha sempre em época de guerra. Vesti-me, gritei para os camaradas que eram sete horas, juntei os meus objetos. Quando apanhei a carteira de Chesterfield que pusera na mesa de cabeceira, vi que os dois últimos cigarros me tinham sido filados. Pensei então, com certa amargura irônica, que a meditação mística do camarada, à noite, fora alimentada com fumo alheio.

Examinara já a viatura e tinha aberto a minha ração quando um menino gritou no fundo do quintal:

— Um tedesco! Um tedesco!

Num ato reflexo, corri para a minha pistola, quando alguém esclareceu:

— Está morto, no fundo da cacimba.

Eu não podia perder tempo. Queria passar um pouco de café que me ajudasse a deglutir a insípida ração.

Um grupo se formara no quintal, e o corpo do alemão estava sendo guindado para fora do poço. Alguém disse, com ironia em que era visível um laivo de inveja:

— E o malandro estava fumando Chesterfield, quando se matou.

O biscoito amargo da ração K parou na minha boca, duro. Como um punhal ao vento, uma suspeita trespassou-me a alma. Olhei para os dois camaradas que, calmamente, escovavam os dentes, a dez passos de mim, e gritei:

— Algum de vocês fuma?

— Não — responderam.

— Algum de vocês tem uma lanterna elétrica? — retornei rápido.

— Não — responderam cuspindo espuma branca.

E uma consciência de vulnerabilidade me invadiu e quase me aterrou. Corri para o Dodge e gritei um adeus aos amigos. Foi a brisa fria da manhã que me reconfortou.

Positivamente, dois cigarros podem impor a um cristão um exame de consciência.

A partisana[27]

A partisana passou com um embrulho na mão e Leonardo ficou com a respiração alterada. Aquele sol primaveril queimava, e esquentava o sangue. Dias e dias naquela posição incômoda dentro da lama. Nada era pior, entretanto, que o sol quente. Sol que escalda as veias.

A partisana trajava uma calça. E as suas formas de mulher pareciam exagerar-se. Leonardo, com os olhos presos àquelas coxas grossas, sentia um tremor nas pernas. Quinze dias imóvel naquela posição nojenta...

— Sargento, eu vou fazer um serviço lá fora — E Leonardo saiu engatinhando da sua cova. A partisana já sumia no contraforte do morro.

Leonardo caminhou rápido, atingiu a elevação e seguiu na pista da mulher. Vez por outra, avistava-a, inclinada para a frente, escalando a montanha. Parou. A mulher estava cinquenta passos à sua frente. Sentara-se, abrira o embrulho e começara a comer. Seus ombros eram estreitos e seu rosto re-

27 O termo, que abrasileira o italiano *partigiano* (membro da Resistência italiana aos fascistas), era corrente na época.

dondo. Os cabelos cortados baixos mostravam um pescoço forte, reforçado na parte anterior por uma camada grossa de carne.

Leonardo aproximou-se com uma saudação cortês. A mulher levantou os olhos e deixou parada no ar a grossa fatia de pão que levava à boca. Reconheceu um brasileiro e sorriu com simpatia. Leonardo se dispunha a sentar-se, quando ouviu uma rajada de metralhadora pesada alemã. E logo, um fogo generalizado.

— É um ataque dos tedescos — disse a partisana. — Fique aqui que eu vou lá em cima ver o que é.

Foi quando a mulher se ausentou que Leonardo teve consciência do perigo que corria. Mas não se alterou. Esperava a mulher com a respiração ofegante. Era tudo.

O fogo recrudescera. Gritos ecoaram ao longe. O brasileiro tinha a vista presa no lugar por onde saíra a mulher.

— Os tedescos estão atacando e você não pode voltar — disse a partisana saindo de uma moita. — A pressão maior é justamente neste ponto.

Leonardo olhava para a mulher. E ficou nervoso quando ela disse:

— Tenho que deixá-lo aqui. Vou realizar um trabalho a uns dez quilômetros na retaguarda. Recebi a missão agora mesmo.

O brasileiro sentiu que seus nervos se relaxavam, e exclamou:

— Não me deixe sozinho. Quero ir com você...

— Quê? Ouvir isso de brasileiro, o homem mais corajoso desta guerra! — disse a italiana, rindo.

— Eu não quero ficar sozinho — choramingou Leonardo.

— Então, vamos — concedeu a mulher. E acrescentou: — É um trabalho delicado.

Como um cão rafeiro, Leonardo seguiu a partisana. Desceram a colina e continuaram cortando o mato. Um vento frio aproximava-se com o fim da tarde. Leonardo não falava: resumia-se todo no prazer de estar ali perto daquela mulher. O tiroteio já ficara longínquo.

— É neste ponto que eu devo ficar — disse a partisana ao atingirem um pontilhão de madeira. — Entre dez horas e meia-noite deverá passar um certo carro aqui... É esse o meu trabalho. Você pode ficar naquela moita.

Leonardo deitou-se no chão. Bebeu um pouco de água e sentiu-se mais aliviado. O tiroteio tornara-se monótono. Cochilou.

Às dez horas, acordou com o ruído de uma viatura. Um caminhão pesado passava pelo pontilhão vagarosamente. Outros caminhões passaram. Às dez e meia, Leonardo viu surgir um carro comprido e baixo na ponta da estrada. Estava impaciente pela mulher. Seu coração se acelerou.

O carro, quando atingiu o pontilhão, reduziu a marcha. As duas rodas dianteiras subiram com um impulso as tábuas. Um vulto surgiu instantaneamente e um braço curvo cortou o espaço como num adeus. E uma explosão maior apagou na noite o metralhar distante do combate.

Leonardo tinha os olhos imersos naquela cena e quase não viu que outra viatura se aproximava veloz. Ouviu-se o corte fino de uma metralhadora de mão e logo vários indivíduos saltaram à beira da estrada. A luz de uma lanterna deslizou velozmente pela campina e um vulto baixo se ergueu do chão de mãos para o ar. Ouviram-se vozes ásperas, e tudo serenou.

Estava só. Sem a mulher. O brasileiro comprimiu a cabeça entre as mãos e chorou. A sua face estava enlambuzada e um soluço dilacerado de fraqueza e impotência veio-lhe de dentro do peito. As pernas se relaxaram. Leonardo tinha febre.

Levou horas para atingir a colina. E não tinha quase forças para galgá-la. A madrugada ia alta quando se aproximou do ponto de partida. Exausto, entrou naquele doce recanto e, alucinado, viu sentada, na mesma posição em que a encontrara à tarde, a partisana. Rijo como uma estaca, o brasileiro tinha os olhos parados.

— Que demora — disse a mulher. — Eu já estou aqui há uma meia hora.

— Mas — gaguejou Leonardo — eles não fizeram nada com você?

— Mandaram fuzilar-me — respondeu rindo a mulher. — Dois dos nossos, que estão lá entre os fascistas, arranjaram a minha fuga.

Leonardo sentou-se e contemplava a mulher como quem contempla uma joia recuperada. As suas mãos tremiam.

— Os tedescos já recuaram. Você agora pode voltar com segurança — disse a partisana, levantando os olhos calmos.

— Não. Eu não vou hoje. Só vou amanhã.

Ao longe, uma última rajada de metralha mergulhou no silêncio. Curvada para a frente, a mulher raspava, com uma faca, a crosta de lama que cobria os seus pés.

Um intelectual em Florença

O meu amigo Mário era desses rapazes altos e de elegância natural, mãos vastas e gestos medidos, que pela bondade nos dão sempre a impressão de meninos grandes. Eu ouvia com paciência suas observações miúdas sobre um sem-número de coisas, e ele as fazia com tanta naturalidade, como se estivesse convencido de que eu estava aparelhado para entender tudo aquilo. Na verdade, eu me interessava apenas pelo lado curioso, e de tudo o mais curioso era o contraste do dia de trabalho duro com as coisas que povoavam a cabeça do meu amigo.

Mário levantava aquelas mãos grandes, que me pareciam complicadas como bordados antigos, e de dentro do seu macacão enodoado de graxa e malcheiroso queria me explicar certos aspectos sutis da decomposição social italiana. A propósito da lavadeira que havia pouco nos visitara, e em quem ele suspeitara um sólido conhecimento dos românticos peninsulares (deixara um compêndio de Pascoli em meio à roupa suja como isca à curiosidade da mulher), desenvolvia toda uma teoria sobre a importância da previsão orçamentária na economia doméstica e a repercussão de sua ruptura nas relações internas da família e nos padrões de moralidade.

O meu amigo estava debruçado sobre aquela pobre Itália como em um livro. E eu mais de uma vez me maravilhei com a impertinência de sua curiosidade diante de uma igreja de Lucca, onde inquiria um sacristão sonolento sobre documentos medievos, ou na estrada de um velho castelo onde uma jovem de faces apetitosas e vestido sujo pasmava diante daquele rapagão de olhos rasgados que lhe bebia o vinho e bisbilhotava em cima de uma cadeira o velho portal de entrada.

Não conheço a competência do Mário em outros setores; sei apenas que ele trabalhava com os tratores que nos arrastavam os canhões. Era lá no meio daqueles monstros sujos e barulhentos que meu amigo suava e gritava de sol a sol. Também não sei se foi para fazê-lo descansar, ou se para torná-lo mais hábil, que um dia o mandaram a um curso numa escola americana de mecânica lá no centro da Toscana.

Mário entrou no quarto de braços abertos, maravilhado com a oportunidade. Caída do céu. Única. Devia haver um dedo amigo por trás daquilo.

— Pois eu não sabia que você gostava tanto assim desse feio ofício de lidar com máquinas — observei com intenção irônica.

— Que máquina, que nada, rapaz. Você não vê que eu vou para junto de Florença? — E gritou com um daqueles gestos seus que me pareciam pueris, mas infundiam respeito: — Florença! A mais humana das cidades vivas! A mais divina das cidades mortas!

E continuou:

— O meu velho sonho é passar duas semanas em Florença. Não quero mais. Duas semanas!

E desenvolveu toda uma teoria: não era o "Arno argênteo"

nem a Ponte Vecchio destruída; não eram as relíquias do Palácio Pitti nem os séculos do Palácio Vecchio; não era a casa de Dante nem o túmulo de Maquiavel; não eram as madonas de Giotto e de Botticelli — e me saía o Mário com toda uma descrição da respeitável cidade. Tudo aquilo ele já conhecia, já vira, já esmiuçara. O que o apaixonava agora era penetrar na parte viva da cidade; era entrar em contato direto com o grupo social que vivia e florescia à sombra de todo aquele arcabouço de arte e de tradição.

— Só assim é possível compreender a Itália — gritava ele —, entrando em contato com o que existe de vivo na cultura. Saber até que ponto a gente florentina está integrada na sua linhagem cultural; sentir o espetáculo vivo dessa gente lendo Dante e vendo Giotto! Meu filho — e Mário olhava para mim com uma chama acesa nos olhos —, se essa gente não está integrada na sua cultura, se esse povo não assimila os valores que há oito séculos ali florescem, com uma continuidade única no Ocidente, de maneira mais completa que a nossa simples aprendizagem escolar, então todos os valores culturais europeus não são mais que objetos de museu. A cultura, que supomos ser a nossa, já estará morta!

Embora não apanhasse todo o pensamento de Mário, a sua emoção, expandida naquele campo ermo, parecia refugiar-se toda em mim. E eu me sentia envolver pela angústia daquele camarada que não ouvia o troar do canhão para auscultar o ruir secular de uma civilização.

Foi através de três ou quatro cartas suas e do testemunho de dois ou três amigos que acompanhei os sucessos de meu companheiro em Florença. Ao que parece, Mário perdeu toda a primeira semana com as máquinas e os livros. Mergulhava todo o dia na oficina onde os engenhos americanos se deixavam fazer a anatomia, e, à noite, repassava os manuais de que os sargentos o supriam abundantemente. Isto estava bem dentro da seriedade com que o bom Mário encarava todas as coisas.

Não sei se foi porque era seu plano descansar, como Jeová, no sétimo dia, ou se foi pelo simples acidente de nesse dia ter conhecido um rapagão alto e magro como ele — o certo é que, nessa tarde de sábado, o meu amigo fechou os manuais, disse adeus aos sargentos e correu para Florença.

O rapaz magro e alto que Mário conhecera era de nacionalidade americana mas nascido na Grécia. Estudara na Itália e conhecia, dos seus tempos de estudante de artes plásticas, meia metade de Florença. Mário o cumprimentara regularmente desde o primeiro dia de oficina e ficou quase surpreso com a maneira familiar com que a mão desse desconhecido pousou no seu ombro, na última aula daquele sábado.

— Meu velho, você tem estudado e trabalhado muito. Não o avisaram de que este curso é um prêmio. Não se vem aqui para fazer força, mas para descansar do esforço feito lá fora. Que tal um passeio hoje à tarde? Venha comigo, que você não se arrepende.

Aquela maneira paternal, calma e suave de se dirigir a um estranho, Mário só explicaria mais tarde, quando percebesse que se tratava de um oriental. O grego tinha um modo próprio de usar as mãos, que lembrava um regente de coro; tinha olhos ao mesmo tempo vivos e lânguidos, como os olhos dessas jovens pudicas que escondem a curiosidade nas pálpebras semicerradas; e o seu andar desagradava pela elegância fluida que se diria efeminada.

Quando atingiram um daqueles recantos cavernosos e românticos, onde garçons encasacados servem com cerimônia as mais requintadas misturas alcoólicas, Mário, com sua curiosidade metódica, já descobrira que o seu companheiro conhecia tudo que na Europa merecia atenção, falava quatro ou cinco idiomas e se referia com uma descuidada familiaridade aos tesouros respeitáveis de Florença. E foi com entusiasmo que aceitou o convite para uma recepção num dos mais tradicionais solares florentinos, onde, como afirmava o oriental, um sul-americano poderia "enlevar os olhos e deleitar os braços ao contato dos mais valorizados tipos de beleza italiana".

Mário não contava com aquele prêmio e sentiu um misto de importância e terror quando, pelo braço do amigo, atravessou um jardim interno da sobriedade de um claustro e penetrou por uma escadaria pesada, envolta em pedra, tendo no ângulo uma rosácea aberta em muralha funda, que o transportou mentalmente aos corredores do Vecchio. Não lhe sobrava tempo para esmiuçar uma fechadura, esquadrinhar um pavimento, analisar um corredor — tão rápido passava. E o amigo, com três ou quatro frases, incendiava a sua curiosidade: eram coetâneas da república florentina aquelas paredes; a família que ali habitava tinha as raízes de sua árvore genealógica brotadas na época que antecedia aos Médici; Petrarca ou Botticelli teriam subido aquelas escadas e enlevado os olhos nas belezas que povoavam aqueles salões — assim como eles fariam agora...

Mário foi recebido com uma curiosidade condescendente. O salão de recepções onde o introduziram tinha uma mesa comprida ao centro, um móvel alto, que ele não conseguiu caracterizar, colado a uma das paredes (Mário achou-o semelhante a essas cadeiras coletivas que se veem ao lado dos altares), e meia dúzia de telas vastas que eram a galeria da família. O pavimento encardido parecia ostentar os seus oito séculos.

— Os florentinos são bobos ou sábios — dissera o oriental com sua maneira indolente ao introduzi-lo naquela roda onde meia dúzia de cavalheiros grisalhos manejavam o monóculo em cadeiras altas.

Mário assumiu um ar de experiência e olhou os velhos de frente. A conversa, como sempre, descambou logo para a política brasileira e o comércio do café.

— Vocês lá cultivaram a sua modalidade brasileira de fascismo por estes últimos dez anos... — Mário pressentiu naquele homem alto que lhe dirigia a palavra um fino psicólogo interessado em sondar as reações de um jovem brasileiro em face de certos problemas sutis. Olhou-o de frente e ofereceu o sorriso regulamentar.

— De fato — disse —, a um analista habituado a certa marcha de raciocínio o Brasil se afigura um país fascistizado. É interessante, entretanto, deter-se neste ponto: todos os grandes movimentos ocorridos nos últimos anos no Brasil, inclusive a participação na guerra, foram movimentos de inspiração ou mesmo iniciativa popular. E num país fascista o povo está incapacitado para movimentos espontâneos...

A conversa descambou para o comércio. O Brasil não possuía uma marinha mercante que o capacitasse para entrar em contato com os mercados europeus logo após a guerra. Um cavalheiro de olhar oblíquo referiu-se à possibilidade de uma autarquização da economia brasileira: o Brasil bem podia produzir tudo. Então, alguém declarou que lera algures que o café fora submetido à orientação de uma autarquia, no Brasil...

Mário ouvia e pensava em como aquela gente ainda era

fascista sem querer ou sem sentir. Todos ainda raciocinavam pelo que diziam as publicações oficiais italianas que haviam lido por um quarto de século.

— Isto é certo — afirmou. — Apenas, nós usamos a palavra "autarquia", comumente, no sentido restrito. Autarquia, no Brasil, não significa política autárquica, mas apenas organização administrativa autárquica.

Mário tinha íntima desconfiança de que aqueles indivíduos o estavam analisando, como a uma cultura de micróbios numa placa de laboratório. E se preparava para espantá-los ou confundi-los com algum paradoxo, quando se sentiu cercado de três criaturas jovens. O seu amigo apanhou-o pelo braço com uma reverência larga, que era uma escusa cheia de graça, aos velhos.

— Você não vai se deixar monopolizar por esses caturras, meu caro, quando a juventude aqui ao lado o deseja e o espera.

Os outros dois jovens eram uma italiana alta de cabelos negros e um oficial americano de olhos transparentes e meio careca. O grego fez as apresentações regulamentares e abandonou-o à jovem, que, num gesto todo florentino, dirigiu-se a Mário em francês, como se pretendesse ocultar-se aos olhos do americano.

Caminharam para o salão de leitura, que se prolongava num alpendre em varanda debruçado sobre o bosque e mostrando ao longe as torres e as cúpulas da cidade. Um tapete voluptuoso acariciava os pés e uma coleção de gravuras cobria nas paredes os espaços deixados pelas estantes de madeira. A um canto, uma mesa em meia-lua ostentava armas sarracenas e turcas.

— Esses americanos são absolutamente desprovidos de

curiosidade. Só me sinto bem entre latinos — disse a jovem numa voz de contralto meio imperativa, dando uma graciosa inclinação à cabeça. Duas outras jovens se aproximaram: uma, de uma delicadeza de madona antiga; a outra, dessa passividade oriental que revela as mulheres levantinas.

Mário estava ansioso por ouvir aquela gente falar, emitir opiniões. Não sabia se devia iniciar a conversa pela Galeria Uffizi ou se pelos Magasins du Louvre. Torneava na mente uma frase sobre Dante e uma citação de Virgílio, e logo vinha o rubor da ostentação pedante. Tudo o que ele dissesse revelaria o estrangeiro — o estrangeiro que espia a cultura pelo lado de fora...

Foi com alegria que recebeu a sugestão de ouvir música. Estava ali uma porta — uma porta aberta a revelações. A sugestão partira da jovem que lembrava uma madona. Sem ser solicitada, ela se dirigiu ao piano e iniciou uma valsa de Brahms. Nenhuma música poderia ser mais adequada àquele momento, pensou Mário. Um prelúdio de Chopin seria afetado; um número do *Cravo bem temperado* seria chocante. Mas uma valsa de Brahms era o que se podia desejar. Depois a jovem tocou qualquer coisa de Respighi, que Mário não identificou, mas aplaudiu.

Já então ele havia sido monopolizado — como diria o grego — pela jovem levantina de cabelos cor de palha de coco. Foi a propósito de Brahms e de suas mangas bem bordadas que Mário enveredou pela literatura. A jovem logo revelou suas preferências clássicas: lia com método apenas letras gregas e latinas. Mas também dava passeios, esporádicos, é verdade, pela literatura inglesa, que muito admirava.

Mário estava estonteado: enquanto aquela jovem dissertava sobre a analítica fragmentária de Joyce, do outro lado a eletrola inundava a sala com o primeiro movimento da *Sétima* de Beethoven.

Nesse momento, ele percebeu a fragilidade da própria erudição, que se lhe afigurou absolutamente postiça. Observava tudo aquilo como a uma cena teatral. Ainda que não percebesse, estava ali representando. Talvez dez anos de contato diuturno com Fra Angelico e Rafael o introduzissem na substância viva daquela cultura. Não. Sem os oito séculos de sedimentação que ele sentia nas paredes do castelo e no olhar das criaturas, nunca deixaria de ser um estrangeiro naquela paisagem.

E Mário, estonteado, sentiu brotar no seu íntimo uma dolorosa angústia — a consciência de sua incapacidade para assimilar a cultura; sentiu que todas as suas leituras lhe ficavam na cabeça como papel amontoado; que sempre estivera no mundo da cultura como um arqueólogo; que nunca tivera olhos para ver além das prateleiras de museu. E a sua angústia involuiu num torpe sentimento de inveja, que o envergonhava e lhe dilacerava a sensibilidade. Vim aqui conhecer essa gente, e conheci a mim mesmo, pensou. O segundo movimento da *Sétima sinfonia* atingira o clímax. Mas, naquele momento, a música de Beethoven significava tanto para Mário como o surdo tambor dos índios nas florestas do Brasil.

O sentimento de inveja foi pouco a pouco amortecendo num desejo de vingança. E Mário concebeu um plano de sistemático desprezo por todas aquelas jovens tão orgulhosas de sua beleza. À sua frente estava, recostada e com a cabeça docemente pousada sobre uma das mãos, a jovem alta, de cabelos negros, que o procurara entre os velhos. Dos seus olhos grandes e negros vinha para ele um sinal de concordância e entendimento como devem irradiar os olhos de uma criança confiante. A sua pele tinha transparência de alabastro, e do colo de linhas puras irradiava uma alvura emoldurada pelo negro do vestido e dos cabelos. A pureza dos seus olhos infantis dava ao rosto de feições clássicas um traço de viveza moderna.

Mário concluiu que ali estava um desses tipos de beleza altamente valorizada e de psicologia complicada. Os intelectuais de Paris, os músicos de Viena, os turistas de Nice haviam depositado flores a seus pés. E ela sorria brandamente, de cima dos seus oito séculos de cultura, para o homem meio europeu, meio selvagem, que do outro lado da sala certamente a desejava. Mário quase trincou os dentes. E, no momento mesmo em que a jovem esperava que ele fosse a seus pés com um sorriso, voltou calmamente as costas e deixou-se a admirar uma paisagem pesada, imitação de Watteau, que pendia na parede. Essa princesa naturalmente nunca sentiu o calor do desprezo masculino — não me compreenderá ou me julgará um monstro, pensou. E voltou-se para o americano de cabelo ralo, que no momento fumava filosoficamente a um canto. Discutiram sobre a deficiência de carburação de algumas máquinas desenhadas pelos departamentos militares da América.

Pouco depois, estavam cercados ambos por um grupo alegre e Mário julgou vislumbrar no doce olhar da italiana a desconfiança e a curiosidade de quem olha para um verme.

A sessão de música terminou e um passeio ao jardim foi logo aprovado por todos. Não era o jardim de claustro que Mário admirara ao entrar no castelo, mas um vasto roseiral onde a sombra dos ciprestes criava um ambiente de fantasia. O rir alegre de todos logo se dissolveu no murmúrio dos pares e no falar metódico dos amigos. Mário encontrou-se só, diante da primeira roseira, com a sua jovem companheira de olhos indecifráveis. Aquilo tudo lhe pareceu planejado, e por um segundo ele se sentiu como um peixe dentro de um covo. E, como um animal acuado, decidiu-se a lutar. Era humilhante, para ele que se julgava um intelectual, que não o aceitassem como um ser altamente racional e culto para o admitirem como instrumento de um romance exótico. E quando a jovem parou para embeber os olhos cansados na beleza das tílias, Mário lembrou-lhe o hino juvenil que, vindo de sob as tílias, tanto perturbou o velho Fausto; dissertou sobre a personalidade literária de Goethe e seus conhecimentos de história natural. A jovem parecia não ouvir e detinha os olhos no velho muro coberto de tílias como se aquela parede escura tivesse algo a revelar a quem conhecia as sete paisagens do mundo. O bosque estreitando o horizonte à frente transportou Mário para as páginas horacianas: *audire et videor pios, errare per lucos*... E discorria fogosamente sobre o sábio ceticismo do *carpe diem, quam minimum credula postero*, quando a jovem pousou a mão sobre seu braço e pediu docemente que a ajudasse a sentar-se.

O tapete de feno era brando e a noite que avançava confundia já todas as sombras. A jovem voltou o rosto para Mário e mostrou entreabertos os seus lábios recortados e suculentos de estátua de Vênus. O seu cabelo negro parecia absorver o resto de luz da tarde.

Como se saísse de um sonho, ela disse:

— O que invejo em você é pertencer a uma raça que desperta. Para vocês, o mundo e as coisas são simplesmente o mundo e as coisas. Não têm a deformação monstruosa de oito séculos de tradição. Em mim, uma tília lembra Goethe, e o bosque, um sonho de Horácio. No país maravilhoso de onde você veio a natureza está desvencilhada de tudo isso. E porque é simplesmente a natureza, é muito mais. Creio que vocês a sentem diretamente e a respeitam com o próprio coração, livres do entulho literário. Você não imagina o que é ter o destino de uma parede onde se depõem quadros respeitáveis. O que é viver para transportar nos ombros mil anos de tradição. É a consciência de decadência! De progressiva esterilidade... Como os invejo!

Mário levantou a mão branca e delicada que tinha entre as suas e beijou-a inundado de ternura. Quando levantou os olhos, encontrou o rosto da jovem que se inclinava para ele e lhe oferecia os lábios de maneira quase suplicante. Enlaçou-a e beijou-a quase rudemente. Sabia-se vencido. Mas sentia-se mais forte.

Velhinha

Não sei como, Ricardo arranjava todos os dias um pouco de água quente para mim. O barulho da água que ele despejava no capacete era o seu bom-dia. Poucas vezes mais eu o via.

À tarde, depois do rancho, sentava-se perto de mim. Era numa pedra grande que deixava ver toda a encosta da colina na nossa retaguarda. Ricardo era preto e tinha uns olhos muito parados, e eu nunca sabia se os tinha abertos ou fechados. Ficava ali, perto de mim, entretido com qualquer coisa que eu não via. Seu espírito devia estar muito alerta, porque eu sentia intensa a sua presença.

À nossa esquerda se estendia um trecho de terreno irregular e, logo à frente, uma pequena planície onde restavam algumas habitações. Quando me levantava, Ricardo já sabia para onde eu ia e quase sempre tomava a dianteira, pois aquela região, que não apresentava qualquer interesse militar, bem podia ser visitada por elementos vindos dos dois lados do campo de batalha.

Os poucos civis que ali habitavam nos recebiam sempre com muita alegria. E para mim era qualquer coisa de intimamente confortante ver a satisfação com que Velhinha, a menina de seis anos, corria para abraçar Ricardo.

— *Brasi, come stá.*

Ricardo era secarrão, mas a sua mão dura, de juntas encaroçadas, pousava sobre a cabecinha alva e o seu rosto estampava um sorriso contrafeito de satisfação íntima. Ele costumava ficar de cócoras num canto do pátio e a guria se sentava a seu lado, nesse entendimento silencioso de que as crianças e os espíritos primitivos são capazes.

Às vezes eu ouvia a voz de Ricardo: "Está frio. Vá pra dentro". Outras vezes, ele passava com a pequena adormecida nos braços, ou ela se pendurava no seu pescoço. E eu não me fartava de deliciar o contraste do rostinho de boneca de porcelana com a face áspera e negra de recortes duros do brasileiro.

— O tedesco esteve aqui hoje — ouvi Velhinha dizer a Ricardo. — E me deu três taponas.

— É? Por quê?

— A primeira porque ele pôs os pés no fogo para se esquentar e eu disse que ele estava estragando o fogo. Eu chorei e disse "se Brasi estivesse aqui você não fazia isso". E ele me deu mais duas taponas.

Quando voltamos, havia ainda penumbra e um frio fino entrava pela roupa adentro. Senti, subitamente, olhando para aquele horizonte escuro, uma saudade atroz do meu tempo de criança, da minha caminha desconchavada e da voz suave da minha avó que me contava histórias do outro mundo. Tudo ali era estranho, e aqueles sentimentos tão íntimos a me oprimirem o peito. Aproximei-me mais de Ricardo: "Essa pequena gosta muito de você". Ele, como se já estivesse esperando para responder, disse: "Eu dou de comer a ela, seu tenente. Ela é uma pobrezinha *sfollata* de Pisa".

Eu não via o rosto de Ricardo, mas sentia que ele queria

dizer mais alguma coisa. Foi quando o ronco de um avião chegou até nós que ele falou, como se tivera cerimônia no silêncio: "Aquela cabeça branca dela foi *paura*. O pai e a mãe morreram no bombardeio de Pisa e a coitadinha teve tanto medo que os cabelos ficaram brancos daquele jeito".

O silêncio voltou. E, como por magia, eu me senti criança ouvindo uma história de minha avó, com o coração opresso pela mais pungente emoção. Eu tinha vontade de dizer a minha avó que daria a vida para que a princesinha não sofresse mais. Mas guardava os meus soluços para mim só, quando a luz se apagasse e o vento solto rugisse de encontro à janela.

Um bombardeio a menos ou a mais nada altera na vida, mas aquele foi de consequências funestas para mim, pessoalmente. Destruiu a casa onde eu costumava passar um pouco do meu tempo e matou alguns civis, levando entre as vítimas a minha pobre Velhinha. No dia seguinte, subi a colina. Não havia mais pessoas para palestrar e me contentei com um pouco de repouso. Aquele insignificante monte de pedras fora a casa onde tantas vezes, ao calor daquelas almas simples, eu dera expansão ao meu peito cheio de saudades.

Vi entre os destroços um pedaço queimado de cobertor brasileiro. Ricardo viu-o também e disse, indiferente: "Foi meu. Dei para Velhinha se esquentar porque eu não precisava".

Era curioso como a ele parecia indiferente o sucedido. Eu falara em Velhinha duas ou três vezes e ele não exteriorizara nenhuma emoção. Tive a desconfiança de que Ricardo não compreendia o que era a morte ou reagia em face dela de uma maneira toda pessoal.

Um dia, creio mais frio que os outros, Ricardo não foi botar água para mim. Eu sofri miseravelmente, ao banhar o rosto na água gélida, e, amargurado, senti entrar pela porta a manhã fria que me esperava.

Somente muito mais tarde vim a saber que Ricardo estava preso. Preto de maus instintos — ouvi alguém comentar —, matou friamente o pobre do prisioneiro tedesco.

Aquilo era inacreditável. Ricardo sempre demonstrara ter um belo coração. Fui vê-lo e o encontrei de cara fechada. Quando ficamos a sós, falei dos tempos duros que passáramos juntos, das vezes em que recordáramos o Brasil, e que eu sempre pensara que havíamos de chegar ao fim juntos. E quando disse que nunca esperara dele uma ação que não fosse digna, e que a minha própria vida confiaria em suas mãos, os olhos mansos do negro se ergueram, sua face se decompôs e a boca se franziu como uma violeta murcha:

— Foi por causa de Velhinha, seu tenente — disse num soluço.

Uma missão pacífica

Foi o pavor diante da turba revolta que me iluminou tão fundamente a consciência e tornou aquele minuto de incomensurável imensidão. Senti em torno de mim a pressão do ódio desencadeado, e caminhei para o carro automatizado pela ânsia de atingi-lo, de pôr a mão na minha arma que ali estava dentro do cofre.

Nesses segundos imensos veio-me à lembrança a catedral de Milão, viva como o esforço dos homens que através dela quase atingiram Deus; e o rio Pó com suas planícies de horizontes profundos, que eu havia transposto sobre balsas naqueles dias de alegria e fascínio de fim de guerra; e as montanhas alpinas cobertas de neve e coroadas de sol. E também percebi que a minha alma recebera uma nova dimensão através do sofrimento resignado e da consciência de fragilidade da vida, no teatro da guerra.

Eu saíra de Alessandria com a pacífica missão de proceder a uma diligência em torno do roubo de uma viatura. Devia visitar os centros de fornecimento de gasolina em Milão e Turim. Em Tortona, aceitei o convite de um amigo para tomar vinho em casa de sua *fidanzata*.

Por uma dessas casualidades que mudam o destino das pessoas, falei na viagem que estava fazendo. E não falei em vão, porque uma das duas moças da casa declarou que seria um encanto para ela fazer esse passeio. Teria oportunidade de visitar sua terra natal e de ver a avozinha, o que não fazia há algum tempo.

Nessa altura dos acontecimentos, o meu amigo me comprometeu:

— O tenente é um homem sério. Viajar com ele talvez seja um tanto monótono, para uma moça. Mas não há mãos mais seguras para se confiar uma filha.

Eu tentei rir e fazer blague. Já era tarde. E assim, de viajante solitário me tornei companheiro de uma jovem piemontesa.

Atravessamos Milão, cortamos Turim e já eram cinco horas da tarde quando, pela segunda vez nesse dia, cruzamos o Pó. Seguimos por estradas secundárias até Asti e logo depois atingimos Canelli. Era a vila que a minha silenciosa companheira queria visitar.

O carro chegou ao centro da localidade em meio a uma multidão de curiosos. Era a primeira notícia que ali se tinha de brasileiros. E as amigas da visitante se aglomeravam para vê-la.

A residência da avozinha ficava no alto de uma colina. O jipe, como um cabrito, invadiu aos pulos o pátio da casa, em meio à surpresa geral. Cumprimentos, abraços, beijos, vinho — o bom vinho, o melhor vinho da Itália.

Quando descemos, a vila já estava calma. Os curiosos já olhavam à distância, discretamente. A companheira convidou-me para visitar o pequeno clube local onde se dançava e que encerrava para ela gratas recordações. Era um salãozinho circundado de mesas, cheio de moças. Como em todas as festas da Itália, havia ali umas dez moças para cada rapaz. E as moças devoravam vorazmente a mim e a minha farda. Disso provavelmente se alimentou a vaidade de minha companheira, que ali se deixou estar mais tempo do que eu previra.

Em dado momento, como uma trovoada que se anuncia, tudo mudou. Entrou na sala um grupo de indivíduos e todos os olharam como movidos por uma suspeita. Enquanto dançávamos, ouvi várias exclamações em voz alta num dialeto incompreensível para mim. Minha companheira esfriou nos meus braços e seus olhos refletiram-lhe o pavor. A boca carnuda perdeu o acento nobre num relaxamento de angústia.

— Vamos embora, não posso continuar aqui — disse.

Há muito que eu queria ir embora. Irritei-me, entretanto, com aquelas insolências. Percebia que, atingindo a mulher, eles queriam ferir o homem. Aquela covardia enlambuzava-me como uma pazada de charco.

— Não. Quero dançar mais um pouco — respondi.

Alguém se aproximou da companheira e lhe disse qualquer coisa em voz rápida. Contrafeito, levei-a para dançar. Suas mãos frias e seu rosto pálido comoviam-me e irritavam-me. Lívido, seu rosto se tornara plácido como feito em mármore. Seus olhos grandes e negros, alucinados, refletiam a confusão mental. Eu apertava a sua mão esquerda e comprimia o seu corpo contra o meu. Era o coração que respondia descompassadamente. Aquela criatura, dominada pelo medo, estava presa a mim por uma renúncia completa da sua pessoa. E eu sentia que aquele pavor era o sentimento mais profundo que já ligara uma criatura humana a mim.

— Meu primo veio me dizer que eles nos estão esperando lá fora. Vão me tomar das suas mãos... — E seu corpo se colava ao meu numa ânsia de fusão, de renúncia, de autoanulação. Eu tinha a impressão de que suas carnes se tornavam mais flácidas, como se ao seu corpo já faltasse parte do espírito...

Como um raio dentro da tempestade, veio-me a lembrança de que minha arma não estava comigo; deixara-a no automóvel — ali no estojo ao lado da direção. E me resolvi a sair, a ir para perto dela, sentir-lhe o contato. Meu corpo estava hirto qual um arbusto tenso e flexível. Sentia que me movia com uma elegância incomum, como se todas as forças dos meus músculos estivessem acordadas.

Apanhei a companheira pelo braço, coloquei-a à minha frente e atravessei o salão. Havia ainda um compartimento contíguo, cheio de gente, que eu devia transpor; depois, a porta, e a rua... Já eram nove horas e o sol quase desaparecera.

Muita coisa ali não era surpresa para mim. Eu vira moças esbordoadas em praça pública, de cabeça raspada, de vestes esfarrapadas. Uma, em Voghera, tivera os seios mutilados. Outras haviam sido trucidadas. O que me parecia audácia é que viessem tirá-la das minhas mãos.

Atingimos a porta. Eu sentia presa à minha face uma máscara de ferro. E, nesse instante, nesse meio minuto, o pavor da companheira foi mais forte do que eu e me penetrou todo, tornou-se também meu. Minha mente balburdiada se tornou lúcida e incoerente. E, como uma força independente de mim, ela me transportou da catedral de Milão para a minha rede de sertanejo, das lágrimas de minha avó para o punho armado do alemão. E me fazia ora ínfimo, ora gigante, ora rastejando como um verme, ora de um ponto do infinito observando o movimento todo da Terra.

Pus a mão direita para trás, empurrei com a esquerda a

companheira para a frente e cobri firmemente os dez passos que me separavam do jipe. Minha mão direita, impulsionada por uma força estranha, avançou para o estojo e, sôfrega, penetrou-o trazendo a pistola. Toda a minha sensibilidade se concentrou, nesse instante, nas minhas costas vulneráveis. Voltei-me rápido, pus uma bala na agulha, e levantei os olhos. Houve um recuo ligeiro e a massa se tornou mais compacta, formada em semicírculo à minha frente...

O indivíduo que contava essa história era baixo e forte; ostentava uma cabeça bem-feita sobre ombros vastos; tinha mãos desmesuradamente grandes, e eu acompanhava curioso a sua mímica caprichosa.

O que veio depois não interessa, continuou ele. Aquele povo, naturalmente, não conhecia brasileiro. Estavam acostumados a tirar mulher das mãos de gente de couro fino. Quando vi que se acovardavam, criei duas almas. Gritei alto que avançasse alguém para se entender comigo: queria explicações. Responderam que tinham mandado chamar o governador da cidade.

Um tenente americano alto e magro atravessou o grupo e veio falar comigo. Era o governador da cidade. Apresentei-me à moda militar e disse que me considerava gravemente ofendido pela atitude desamistosa que aquela gente tinha assumido para comigo. O americano coçou o queixo e respondeu: "Acabo de receber uma comunicação do governo partisano desta localidade segundo a qual uma moça, que conviveu intimamente com elemento fascista de destaque, e daqui saiu fugida com a coluna alemã, tornou à cidade. Como se encontra em companhia de um oficial aliado, pediram-me que viesse prendê-la. Conforme as declarações que ela prestar amanhã, comprometo-me a soltá-la".

Eu conhecia demais a tática italiana de pôr a mão sobre a ovelha, tosquiá-la, e no dia seguinte, ante o ato consumado, atribuir à turba revoltada e irresponsável o incidente. E não cedi. Protestei que se tratava de uma menor e eu era responsável perante a sua família; que a minha palavra de oficial tinha que ser respeitada; que me comprometia enfim a levá-la a interrogatório no dia seguinte.

O americano cedeu e os italianos se conformaram.

O jipe se movimentou tangido pelo urro de uma vaia. A duzentos metros de distância, não me contive e parei o carro: todos os meus músculos se relaxaram. A pequena deitou a cabeça sobre o meu colo, a soluçar. Agarrou minha mão e comprimiu-a contra o rosto. As suas faces rosadas estavam entumecidas, e as lágrimas jorravam como uma fonte termal.

Voltamos para a casa da avó e dormimos juntos. Apavorada com a ideia de que viessem raptá-la, soluçava ainda quando adormeci; duas vezes acordei e duas vezes vi a sua face dura e impassível, voltada para o teto: era a imagem de um condenado à morte.

O interrogatório foi uma formalidade. Falando as duas línguas, tornei-me senhor da situação. Em vinte minutos estava tudo encerrado. A batalha fora ganha na véspera. O chefe partisano ainda se desculpou pela alteração de ânimos havida na véspera e me desejou bons augúrios. O americano aconselhou-me a não permitir que a jovem tornasse ali sem a minha companhia. E entre abraços e risos nos despedimos.

— Acredito em tudo isso — retrucou um intendente careca e de barba crescida. — Menos que tenhas dormido inocentemente com essa pequena. Era preciso que eu não te conhecesse.

O oficial de cabeça bem-feita e ombros largos voltou-se para o intruso com a expressão de quem fareja um foco suspeito.

— É porque você nunca esteve em situação semelhante. O pavor é um sentimento tão profundo e tão total que santifica. E é mais sublime ainda porque se irradia por toda a pessoa como que iluminando-a. E a criatura que está apavorada abdica de tudo e se entrega a você como uma criança que procura o regaço materno. Muitas vezes olhei para aquela criatura ali ao meu lado, caída como uma trouxa de roupa, e só me vinha ao peito um sentimento de ternura — dessa ternura inefável que nos comunica a imagem da Madona com o Menino Jesus. No dia seguinte, entretanto, quando já íamos longe, muito longe, paramos sob uns arvoredos para comer qualquer coisa. Eu abria uma lata de conserva e, como se atendesse a um chamado, levantei os olhos. Olhamo-nos e rimos ao mesmo tempo. E rimos muito e alto. Ela olhava para mim e ria. E eu, sem sequer a observar, senti que ela era muito bela. E me admirava de não haver percebido isso até aquele momento. E ria também. Ela se aproximou de mim e me abraçou. Duas últimas lágrimas brotaram nos seus olhos e me umedeceram os lábios.

— E você profanou a santa? — retrucou o intendente.

— Não. Santifiquei-me com ela — respondeu o tenente de ombros largos e cabeça bem-feita.

Terra prometida

Na meia escuridão do crepúsculo, as bicicletas deslizavam no tapete de asfalto. Iam e vinham vozes alegres de grupos de passageiros; a paisagem, monopolizada pelo trigal, afundava à beira da estrada; o grito espontâneo das crianças dilatava-se no silêncio. Nunca João suspeitara que um passeio de bicicleta pudesse ser tão grato ao espírito.

Convidara Mariucha com certo acanhamento. Os brasileiros eram vistos com suas namoradas em jipes ou caminhonetes. Ele não tinha a seu alcance, entretanto, mais que bicicletas de aluguel. E agora descobria que aquele era o mais belo de todos os passeios...

No ar puro que vergava suavemente as espigas de trigo, os dois veículos esguios avançavam lado a lado como asas de um condor. João sentia a presença da companheira como se a ela estivesse abraçado. O firmamento aprofundado pela atmosfera rarefeita dava-lhe a sensação de viajar, não sobre a terra, mas com o planeta na imensidão dos espaços.

Às vezes, as duas bicicletas se aproximavam tanto que ele auscultava a respiração da companheira. E a presença dela ia de alguma forma se incorporando no seu ser. Quando os dois veículos se afastavam, era como se algo fosse arrancado à sua carne. Não a olhava, não a via. Mas sentia que ela tinha o rosto levantado — fitava o firmamento, meditava. E sentia que sua meditação era serena.

Percebeu que ela estava sorrindo. Não a quis olhar, mas, sem conter a emoção, falou:

— Vamos parar aqui um minuto.

— Por quê? Você não está cansado... — respondeu Mariucha.

— Não. Não é isso. É que eu quero beijá-la.

Mariucha riu satisfeita. Aproximou a sua bicicleta e pôs a mão sobre o braço de João:

— É bonito isto aqui. É como uns óculos cor-de-rosa na sensibilidade...

As duas bicicletas pararam. João encostou-as cuidadosamente a um poste. Mariucha suspendia o cabelo e, com o rosto levantado, recortava o firmamento com o seu perfil de boneca.

O brasileiro se demorava acomodando as duas armações de aço. Tinha o peito opresso e os seus olhos não se cansavam de beber a imagem da companheira. Ela voltou-se e caminhou até ele. A imagem foi se tornando mais nítida: a massa escura de cabelos já apresentava um brilho suave; os olhos, duas manchas negras, já deixavam ver uma expressão de entendimento; os lábios, caprichosamente recortados, se distendiam numa expressão de aquiescência. João olhava aquela face, ali a dois palmos do seu rosto, e sentia-se aguilhoado por um pudor de acariciá-la.

Mas era preciso fazer alguma coisa. Ela estava esperando... Levantou as mãos, que pareciam trazer luvas de ferro, e envolveu os ombros da companheira. Aproximou o seu rosto da face rósea, que a cabeça suavemente inclinada para a esquerda oferecia, e comprimiu os lábios contra a pele túmida. Mas não os comprimiu com força, num medo inconsciente de magoá-la, ou devorá-la.

Aquela pressão de carne fria contra os seus lábios não o satisfez. Desceu-os sofregamente e calcou-os sobre a boca da mulher. Apertou-a mais contra si, numa ânsia vã. E sentiu-a mais distante do que quando estavam a dois metros um do outro. Os lábios, os ombros não lhe traziam mais que uma impressão de contato físico. Afastou-a. E quando a teve diante dos olhos, uma nova emoção o afogou. Um desejo pueril de acariciá-la. De tê-la nos braços, de mimá-la, de senti-la existir. Apertou-a contra o peito, e caminharam juntos para as bicicletas.

— Você me beija como se eu fosse sua irmã — disse Mariucha, rindo.

João pensava seriamente em Mariucha. Dedicava-lhe aquele sentimento confuso que era um amor de irmão, de amante e de escravo, a um só tempo. Algumas vezes, o calor do seu corpo, a doçura de suas formas o perseguiam atrozmente, e ele se levantava de manhã esbordoado pela insônia e pela angústia. E sofria à lembrança dos sofrimentos da companheira. Ouvira dos seus lábios a confissão de humilhações degradantes, de privações dolorosas, de vertigem de perigos iminentes.

A família de Mariucha possuía plantações de vinha não longe de Asti, no Piemonte. Seu irmão desaparecera nas campanhas da África e sua mãe perecera no primeiro ano da guerra. O pai envolvera-se na política fascista e estava foragido. A casa fora confiscada e Mariucha não podia regressar a suas terras.

Socorrera-se na casa de uns parentes em Alessandria, onde já se haviam esgotado a paciência e a boa vontade de todos. Naquela fase horrível de crise era um crime colar-se à mesa de alguém.

Muitas vezes João vislumbrara lágrimas nos olhos da companheira, ou ouvira o sussurro estrangulado de um soluço. A qualquer momento Mariucha teria de abandonar a casa em que estava... E só lhe restaria a rua.

Essas coisas passavam pela cabeça do homem uma, duas, dez vezes, em todas as direções, como as bolinhas de um jogo caprichoso. Mas não tinha coragem de casar com Mariucha. Lembrava-se da casa rica em que ela nascera e se criara; de sua figura resplandecente de elegância; de suas histórias de viagens de diversões — e ficava profundamente acabrunhado. Mariucha o considerava um rapaz educado e de boa situação — e ele não sabia ou não tinha coragem de desiludi-la.

João se sentia extremamente fraco nessa batalha de interesses e sentimentos confusos. Perdia noites de sono e se preparava para o pior dos desenlaces.

Um dia, ao passar pela alameda central da companhia, foi surpreendido por um subalterno brincalhão:

— Que novidade é essa, sargento? Ouvi dizer que aquela sua pequena boa casou esta manhã com o cabo Moura.

João levantou os olhos e respondeu com humildade:

— É, seu tenente. Que podia eu? O Moura é cabo do rancho, pode sustentar toda a família dela. A pobrezinha andava passando fome...

O subalterno, como que chocado pela calma do sargento, retrucou:

— Mas esse Moura não é casado no Brasil?

— É — respondeu João. — Mas não custa nada ir à igreja. A porta está aberta.

— Francamente. É preciso ter coragem.

— Qual, seu tenente. Basta não ter vergonha.

O oficial mudou de assunto.

O plano de deslocamento da divisão para o sul estava sendo executado. Imensos comboios se sucediam, levando a soldadesca para o seu último acampamento, quinhentos quilômetros ao sul.

João fazia uma revisão na sua bagagem e punha em ordem os seus objetos. A cama vazia prendia os seus olhos numa antecipação de saudade. Colocou o saco às costas para levá-lo ao caminhão. Quando atingia a porta, a voz de Mariucha penetrou nos seus ouvidos, galvanizando-o. Atravessou a alameda e avistou-a a dez passos, em meio aos caminhões, toda branca e toda pálida como uma brochada de cal num muro velho. O subalterno brincalhão estava a seu lado. João ouviu-o dizer:

— Então, você não sabe que nós vamos embora?

— Não. Não sei de nada — respondeu ela. — Há dois dias que não vejo o Moura. Não me disse nada, não me avisou nada.

João farejou uma desgraça; soltou a bagagem e se aproximou. O tenente, inexorável, continuava:

— Ora, nós vamos embora hoje. E o rancho já foi desde ontem. O Moura não está mais aqui.

O rosto de Mariucha se deformou numa expressão de dor. Levantou as mãos como se quisesse proteger a face; mas, antes de tê-las à altura dos ombros, as pernas perderam a rigidez e o corpo desceu verticalmente, como um elevador. No chão, o tronco caiu para a esquerda e as pernas de novo se distenderam. O busto mostrou-se de perfil e as coxas exibiram-se todas nuas.

Antes mesmo que o tenente se recuperasse do susto, João acercou-se de Mariucha, puxou-lhe violentamente as saias para baixo, e suspendeu-a nos braços. Quando a depositou na caminha de lona, viu seus olhos abrirem-se. E pousarem nele. E alagarem-se.

— Eu quero ir para o Brasil — soluçou Mariucha. — É o meu sonho. Aqui não há futuro para mim. Tenho visto muita falsidade, mas de um brasileiro não esperava isso. Que me abandonasse...

— Mas ele não a abandonou — interrompeu João. — Provavelmente voltará para vê-la. E, se não voltar, se interessará junto ao cônsul para que você siga para o Brasil.

— Não creio. Eu estou desgraçada. Já soube que ele é casado com uma brasileira. Não tem palavra. Percebia que ele queria me abandonar...

Mariucha segurou a mão áspera e nodosa de João e apertou-a contra a face. O contato frio daquele rosto em lágrimas enterneceu o homem. E João, tragado pela emoção, sentiu-se profundamente incapaz e desgraçado. Pensou na sua vida humilde, no casebre sertanejo. Na sua avó sentada no jirau, cuspindo e resmungando reminiscências da escravidão. Lembrou-se de sua rede remendada e da enxada encostada à porta da cozinha.

Pousou a mão sobre os cabelos sedosos de Mariucha, que parecia sossegar, e deixou-se levar pelas recordações do passado. Ele era um mulato, filho de moradores, e o seu maior sonho era brincar com as duas filhas brancas da casa-grande. Acercava-se e olhava pelo portão do curral para o alpendre vasto onde as crianças se divertiam. Em dias de festa, apareciam muitas. As meninas traziam bonecas e se reuniam em grupos. Às vezes, saíam a passear pelo laranjal e João podia vê-las de perto: tão alvas, tão meigas com seus lacinhos na cabeça... O seu sonho de menino era ser o escravo delas; contanto que percebessem a sua existência; que o procurassem como a uma coisa útil, assim como procuravam aquelas laranjeiras...

Mariucha abriu seus olhos negros e dos lábios pálidos veio uma voz doce como um arrependimento:

— João, eu não tenho direito de pedir coisa nenhuma. Mas você é a pessoa mais séria que eu já conheci. Quero ir para o Brasil, em qualquer condição, mesmo como criada... Dê-me ao menos um conselho.

— Esqueça os brasileiros — respondeu João. — O Brasil não existe. É um sonho. Existem, lá do outro lado do mar, casas iguais a estas, onde criaturas nascem, sofrem e morrem como as pessoas daqui. Também lá há crianças que morrem por falta de comida, há jovens que envelhecem por excesso de trabalho, há mulheres que choram porque foram abandonadas... Muitos de nós, brasileiros, não levamos uma mulher conosco porque não temos com que sustentá-la. Não tenho direito de falar dessa forma a respeito do Brasil, mas a você eu queria dizer a verdade. Lá, como aqui, não resta às pessoas que se acovardam mais que o desespero.

João tinha o rosto abrasado e a alma estrangulada. Seus olhos devoravam a carne branca da mulher.

Na face de Mariucha iam aparecendo, como raios do sol

que nasce, as linhas puras da serenidade. E os seus olhos já prometiam uma nova luz. Ela abriu os lábios imperceptivelmente e falou:

— Eu sei que você está me dizendo adeus, João. Que você vai embora daqui a pouco. Não amei nenhum brasileiro; mas amei muito o Brasil, esse Brasil que foi meu sonho, sonho que a sua bondade e a maldade dele destruíram. Já agora saberei voltar para minha terra e encontrar minha casa.

Levantou-se calmamente, acendeu nos olhos grandes um sorriso, e acrescentou:

— Obrigada, João. Agora, beije-me, como se eu fosse a sua irmã...

E, quando atravessou a porta, o brasileiro, em pé e duro como um pinheiro, ainda sonhava e acreditava que a sinhá-dona, a menina da casa-grande, acabava de sair de entre os seus braços.

El ingenioso Epaminondas

A estrada de Livorno para Gênova atravessa a vasta massa de rochas dos Apeninos e dos Alpes apuanos. Na caminhonete, eu dividia os olhos entre o volante e os recortes de praia muitas centenas de metros abaixo. Às vezes, o veículo se escondia nos bordos de um monte, que circundava, como uma mosca em torno de um copo. Ou descia a um precipício, onde um regato nos esperava com um sussurro de cascata.

Eu atravessara a bela cidade balneária de Rapallo e afundava na estrada sinuosa, já nas últimas horas da tarde, quando encontrei um carro parado. O Cruzeiro do Sul, marcado em branco na carroceria verde, anunciava de longe gente brasileira.

Foi nesse momento que conheci o oficial intendente Epaminondas. À distância, gritou-me logo quatro desaforos contra o carro. Desde Lucca que aquele miserável lhe dava trabalho. A bateria fervia, queimava, fundia... O motorista pusera água em Rapallo, mas era evidente que não conseguiria subir a serra.

Sentei-me ao volante, virei o motor, acelerei-o: o dínamo operava vertiginosamente. Abri o capô e pedi a ferramenta.

Não havia ferramenta. Do meu carro, trouxe uma chave, com que removi a tampa do regulador. Faltava o instrumento próprio para graduá-lo. Veio-me uma ideia: utilizando um pedaço de madeira flexível como alavanca, empenei a peça, até a posição em que ela ficaria uma vez graduada. O gerador voltou à normalidade, a bateria deixou de ferver.

O intendente Epaminondas tinha os olhos arregalados como uma criança que acompanha as mãos de um mágico.

Voltei para o meu carro entre os agradecimentos, os oferecimentos e os impropérios alegres do meu novo amigo. Eu não sabia, entretanto, o que podia significar uma amizade daquelas.

Alguns dias depois, cruzei-me com Epaminondas quando me dirigia para o edifício do quartel-general, em Alessandria. De longe, gritou-me:

— Olá, amigalhão. Esqueci-me do seu nome (eu é que me esquecera de lhe dizer). Tenho um negócio com você: vou acender uma grande *tocha* e quero você comigo.

Um camarada que estava a seu lado disse:

— Diabo, Epaminondas. Você parece a Estátua da Liberdade. Não solta mais a tocha.

— Ora, agora é que vou acender a verdadeira. Ainda não fiz nada, ainda não saí da Itália. Vou à França. Quero conhecer Paris. — E voltou-se para mim: — Você naquele dia me caiu do céu. Consertar-me o carro com um pedaço de pau! Não quero motorista, ninguém comigo. Vamos os dois só.

O Dodge do Epaminondas, tendo sofrido nas minhas mãos uma boa manutenção e recebido das dele preciosa carga de víveres, desceu conosco, uma madrugada, a estrada de Gênova. Eu deixava a máquina deslizar, na manhã fria, das montanhas para o mar, pelos incontáveis túneis. Os cartazes da propaganda fascista pareciam teimar em disputar os nossos olhos através da camada ligeira de cal que os encobria. Epaminondas tinha o gosto fácil de sentenciar, como se pensasse em voz alta:

— Nós dois formamos uma dupla completa. Você entende desse negócio de carro e fala inglês. Eu quebro qualquer outro galho e sei lidar com as mulheres. — E acrescentou, enfático: — É o que me tem valido aqui na Itália. Porque, neste país, elas é que resolvem tudo. Os homens vivem só para comer...

Do alto da montanha avistamos Gênova com suas carcaças de arranha-céus. O porto, um montão de ruínas. As praias, cortadas pelas altas muralhas que o trabalho impiedoso e inútil dos alemães e seus escravos ergueu.

Avançamos pela Via Aurelia, rumo ao norte. Já nos extremos da cidade, Epaminondas se decidiu a parar:

— Vamos comer alguma coisa.

Entrou numa pequena hospedaria, pediu água quente e pão. Desembrulhou café, açúcar e manteiga.

Com a rapidez de um boato, a notícia do "café brasileiro" se propagou por toda a casa e arredores. Formou-se uma pequena multidão. Todos queriam *ver* o café brasileiro.

— Há seis anos que não sei o que é isso, meus senhores — exclamou o dono da hospedaria.

Epaminondas arregaçou as mangas e processou a coagem do café com a seriedade de um sacerdote oficiando. Os circunstantes se mantinham calados, com os olhos fixos nas suas mãos, quase genuflexos; os que falavam, emitiam sussurros; os que saíam, esgueiravam-se imperceptivelmente.

Epaminondas ofereceu em seguida o pó ao dono da hospedaria, para que passasse um café para os presentes. Levantou a sua xícara, à guisa de brinde, e disse:

— Café brasileiro, senhores! Negro como a noite, quente como o inferno, doce como o amor!

Dentro do carro, sentenciou para mim:

— São momentos como este que nos dão o verdadeiro sentido de superioridade. Você se sente bem não só porque é brasileiro, mas ainda porque pode fazer com que a sua pátria seja mais respeitada.

Retruquei:

— Eu, de mim, se senti alguma coisa ali foi a desgraça daquela gente. E fiquei pensando como o homem é um ser vulnerável, como facilmente se abastarda. A carência de uma coisa secundária na vida, como o café, pode ser causa de uma cena degradante como aquela.

Meu companheiro olhou-me admirado, mas não respondeu.

Quando atingimos Alassio, na Riviera Italiana, resolvemos tratar do almoço. Epaminondas já havia dito: esse negócio de tocha é bom, mas de barriga vazia, não.

Alassio é um jardim tropical de praias alvíssimas. Os americanos transformaram-na em estação de repouso. Fomos recebidos amavelmente e logo nos candidatamos ao almoço. E foi durante esse almoço que nos procurou um major de aviação americano. Soubera que íamos para a França e indagava se podíamos levá-lo.

A famosa estrada traçada pelos romanos acompanha a costa, por toda a Riviera Italiana, ora subindo centenas de metros, ora formando um dente no rochedo, ora descendo ao nível da praia. O Mediterrâneo é azul na faixa litorânea e acinzenta num horizonte raso. As pequenas vilas incrustadas na pedra e nos fundos dos vales exibem os seus telheiros seculares — e numa ausência, à distância, de toda vida humana, constituem um quadro bucólico.

A Riviera Francesa é um tapete de caprichoso colorido: avançamos pelas suas estradas maravilhosamente conservadas e numa paisagem que é tropical pela exuberância e europeia pela delicadeza. As alamedas desse insuperável jardim levaram-nos até Nice. O americano que viajava conosco falou:

— Isto aqui é só para praças. Vocês, como oficiais, têm que se hospedar em Cannes.

O Epaminondas voltou-se para mim acenando com uma ideia luminosa. Aquele camarada bem que poderia ser utilíssimo. Em Cannes, respondendo a uma insinuação minha, o major prontificou-se a nos guiar até o escritório americano. Bela surpresa nos aguardava: viera ordem da Itália, disse-nos um sargento, para que não mais se recebessem brasileiros. O major intercedeu: nós saíramos da Itália sem conhecimento daquela ordem, tínhamos permissão de trânsito, era absurdo que nos deixassem na rua. O sargento balançou a cabeça: nada podia fazer. E quem é que podia fazer?, retrucou o nosso protetor. O oficial chefe do serviço, no andar superior.

No andar superior encontramos, em uma sala espaçosa e vazia, um soldado lendo qualquer coisa. Ouviu-nos e respondeu que o oficial não estava. Pôs a mão ao telefone e tentou encontrá-lo. Inútil. O nosso major sentou-se numa poltrona com ar de resignação. O intendente Epaminondas mostrava uma cara amarrada — trazia os olhos baixos e um ar de criança que acaba de furtar doces. Eu não estava a par da gênese daqueles papéis que ele trazia nas mãos, e uma dúvida de sabor humorístico me atravessou o espírito.

O major interrompeu o silêncio:

— Tudo aqui se resolve na pressuposição de que esse oficial não abandona esta sala, não é?

O soldado remexeu-se nervosamente na cadeira.

— Fiz o possível para encontrá-lo, senhor.

Mas, como se percebesse a frouxidão da desculpa, apanhou os nossos papéis que estavam sobre a mesa, copiou os nomes numa folha impressa, assinou e nos entregou. Fora vencido, creio, pelo senso de humor.

— Vocês não levem a mal esses americanos — disse-nos o major ao descermos as escadas. — São escravos da rotina. Uma coisa pode ser de lógica intuitiva, mas eles não a compreendem, porque sai da rotina. Para quem pensa sempre com as mãos, é doloroso usar a cabeça. — Voltou-se para a cara fechada do Epaminondas e disse para mim: — Explique essas coisas ao seu companheiro, e diga a ele que não julgue a América por esses idiotas. Vocês, latinos, resolvem tudo com o coração; e o coração é bem mais próximo da cabeça do que os pés e as mãos.

Epaminondas aceitou honrosamente as explicações e estendeu a mão ao americano quando nos separamos. E me disse esta frase misteriosa:

— A sombra de Caxias sempre nos perseguirá, meu amigo.

Quando saímos do Hôtel Martinez, o sol estava irradiante. Entramos num jardim próximo à praia. Eu contemplava maravilhado aquele mundo de cores: o céu transparente e o mar de azul carregado; as ondas alvas e a praia quase rósea; o asfalto negro e a fachada branca dos hotéis; e cobrindo, enfeitando ou decorando tudo, as flores de riquíssimo colorido. E completando a paisagem, as mulheres, ainda uma ostentação de cores. Seus corpos, seus cabelos, seus olhos, suas vestimentas audaciosamente simplificadas — em tudo eu via apenas uma orgia de cores. Ali onde estávamos, elas vinham ao nosso encontro, umas de bicicleta, com uma sainha de meio palmo e um facho aceso nos olhos, outras, em pijamas vastíssimos, uma criança ou um cãozinho pela mão, e os olhos alagados de inocência.

Epaminondas me deu um aperto, num gesto histérico, e exclamou:

— Meu velho, eu não posso mais sair daqui.

Uma madrugada, deixamos Cannes em demanda de Paris. Eu ia ruminando o ridículo de minha última aventura de nightclub: dançara toda a noite com uma pequena adorável, entregara-me a cenas do mais comovente idílio de salão, embriagara-me em homenagem àquele primeiro contato com os lábios de uma francesa e — Deus me perdoe — no apagar das luzes a minha companheira foi ao toalete e voltou fardada... era uma enfermeira americana.

— Faltam mil e cem quilômetros e Paris nos espera — disse Epaminondas, em conclusão a qualquer arenga que eu não ouvira. E acrescentou: — Cannes é bom, mas tem muito militar. Em país estrangeiro, nada como se viver entre civis. Tudo é para nós.

Foi em Lyon, junto ao ponto de fornecimento de gasolina, que Epaminondas exclamou:

— Agora vou encher o camburão vazio. Deem ou não permissão. Não quero ficar na estrada por causa de gasolina.

Paramos o carro. Eu fui ao despachante e depois voltei para verificar o carro. Trazia na mão um litro de óleo para o motor quando Epaminondas me chamou:

— Venha falar com este idiota.

O preto americano encarregado da gasolina surpreendera-o com o camburão cheio na mão. Epaminondas estava ofendido com o gesto grosseiro do americano, e este estava indignado com a falta de lealdade do brasileiro. A situação era desagradável e havia ainda a lamentar o camburão perdido. Lembrei-me de procurar um oficial. Apareceu um tenente alto de quepe a quem expliquei que aquele oficial brasileiro não sabia inglês e enchera o camburão porque na Itália aquela era a regra. O americano olhava para mim com uma expressão franca de simpatia. Não terminara sequer de falar e já ele me abraçava. Deu-me as boas-vindas e exclamou bem alto para o preto insolente:

— Estes são brasileiros. O único povo da América do Sul que veio para a Europa lutar ao nosso lado. Devolva o camburão por minha conta.

— Neste mundo de Cristo, meu caro — disse Epaminondas —, sem tentar, nada se consegue. — E sentenciou daquela maneira misteriosa, sua, que levava muita gente a admirá-lo: — É preciso, porém, não confundir tentativa com tentação.

Em Dijon, posto imediato de combustível, o trabalho era executado por alemães prisioneiros. Um preto americano fiscalizava. Enquanto trabalhava e nós observávamos, o tedesco, com seu ar de inocência e superioridade, disse para o americano:

— Você conhece o *Parsifal*? — O negro respondeu que não. O alemão não se deu por satisfeito e tornou: — E já ouviu falar nas sinfonias de Beethoven? — O americano rosnou outro não. Eu traduzi o diálogo para Epaminondas, que estava a observar um oficial russo bem escovado e bem agaloado.

O nosso carro já ia sair e o intendente disse para mim:

— Pergunte a esse idiota desse tedesco se ele já ouviu falar em Chostakóvitch.

O alemão arregalou seus olhos azuis, num gesto de peixe fisgado ao anzol, e respondeu na sua própria língua:

— *Nein*.

Exemplificando, falei eu, em Lyon foi tentativa e aqui foi tentação.

Entramos em Paris pelas florestas de Fontainebleau. Eram onze horas da noite quando atingimos os jardins de Luxemburgo. Um grande hotel se nos deparou ali perto e não resistimos. Epaminondas veio ao meu quarto dar boa-noite e disse:

— Você vai guardar um grande segredo meu. Você não dirá a ninguém, e nunca, que eu fui dormir em Paris às onze horas da noite...

No dia seguinte, corremos a cidade de carro: os *boulevards*, os *magasins*, os jardins... Epaminondas estava maravilhado:

— Veja este calçamento, de madeira; a unidade arquitetural destas ruas; a riqueza destas vitrines. Há muitas cidades pelo mundo. Nenhuma terá, entretanto, essa homogeneidade, essa feição de obra acabada, essa plenitude.

Na Torre Eiffel, já às cinco da tarde:

— Bem, deixaremos o Louvre, a Chambre des Députés e a Notre-Dame para amanhã. Agora é preciso dispor-se para penetrar no verdadeiro Paris, na sua vida noturna.

Tomamos o metrô e saltamos na praça da Concorde.

— Em Paris, as mulheres são livres — continuava Epaminondas. — Podemos arranjar uma pequena aqui no centro. Somente uma francesa é capaz de nos guiar nessa imensidão que é Paris noturno. Vou lhe dar umas explicações, porque assim você não se apertará, mesmo que se afaste de mim.

E continuou, ali na esquina da rua Royale, com um braço voltado para a Madeleine:

— A parisiense é antes de tudo uma criatura polida. Deve-se explorar isso. Em segundo lugar, ela é curiosa, o que também se explora. Basta você firmar-se na esquina de um daqueles *magasins* e abrir o olho. Elas analisam vitrine por vitrine e você pode observá-las de todos os ângulos. Admitamos que apareceu uma do seu tipo: pernas grossas, corpo bem-feito, boca rasgada, olhos gritantes...

— Mas esse não é o meu tipo. Pode ser o seu — protestei.

— Não perca tempo. Abra o mapa da cidade, tome um ar absorto e se faça de perdido. Ela virá socorrê-lo. E será já meio tonto pelo perfume que você exclamará: *Mademoiselle, je me suis perdu*... O resto é fácil, é o mesmo que lá no Brasil.

Nesse momento, passou por nós uma jovem muito bela e muito séria, e nos olhou com visível surpresa. Epaminondas parou. Do meio da rua ela nos olhou novamente. Epaminondas avançou. Alcançou-a já na outra calçada. Segui na sombra do meu amigo. A francesa nos recebeu rindo:

— São brasileiros? Supus à primeira vista que eram alemães...

Entrávamos no quarto ou quinto cabaré. Epaminondas tinha Violette pelo braço e Violette me estendia amavelmente a outra mão. Eu estava envergonhado daquela situação caudatária e insistia em ir embora. Ambos protestavam. Epaminondas prometeu sofregamente que me arranjaria uma pequena. Violette ria. Ria de tudo. Beijara-me duas vezes enquanto dançávamos. Eu estava positivamente tonto. Epaminondas pontificava sobre a técnica de manobrar as mulheres. Em Paris, como no resto do mundo, a mulher era uma só. Tudo era uma questão de lábia. Ele se sentia ali, em Montmartre, como na própria casa, *chez lui*...

Eu não confessava a minha incompetência, mas ficava calado. Violette olhava para mim e ria. Seus olhos eram grandes e lindos e eu me lembrava de que ela me pedira para beijá-los. Aquela confusão de sentimentos me acabrunhava. Paris era forte demais para mim. Eu quase não olhava para Violette. De olhos fechados não recordaria sua fisionomia. E estava fascinado. Que poder satânico devem ter essas parisienses. Epaminondas bateu no meu ombro:

— Anime-se, camarada. A vida é longa, mas Paris é breve.

Às duas e meia Violette protestou energicamente — havia seis horas que brincávamos. Devíamos ir embora. Fiquei aterrado quando soube que o metrô estava parado e que não havia automóveis. Violette sugeriu o táxi humano: carrinhos de duas rodas puxados por bicicleta. Desaprovei. Aquilo me repugnava. Mas Epaminondas retrucou: era uma instituição da cidade. Em Paris com Paris. Os carrinhos tinham dois assentos. Apanhei um e o intendente, outro. Violette caminhou até nós e com o mais doce dos seus sorrisos exclamou:

— Meu Deus, são dois para me conduzir. Ajudai-me nessa escolha. — E, com um dedinho inocente para o ar: — Fico com esta que é a mais bonitinha. — E sentou-se ao meu lado no banquinho estreito que a comprimia contra mim.

Eu a envolvi e a apertei sofregamente. Ela pôs sobre minha face sua mão branca, num gesto infantil, e disse com um biquinho de impaciência, como se há muito nos conhecêssemos:

— Oh, querido! Você hoje me deixou toda a noite sozinha...

Saímos de Paris por Fontainebleau, numa manhã fria. O ar puríssimo da floresta nos envolvia como um véu de tule. Eu comprimia o acelerador do Dodge gostosamente. A fita de asfalto parecia uma polia de máquina deslocando-se contra nós. Epaminondas interrompeu o seu mutismo e exclamou, como se atingisse uma laboriosa conclusão:

— Será que nós, homens, nunca nos conformaremos com a estupidez das mulheres?

Farejei qualquer coisa de muito pessoal naquelas palavras e permaneci em silêncio. Ele continuou:

— A verdade é que a escala de valores que elas adotam não é a nossa. As mulheres nunca respeitaram os sábios, nem admiraram os gênios, nem reconheceram os santos.

Não me contive e tirei-lhe a máscara:

— Você, Epaminondas, como "*el ingenioso hidalgo*", tem da vida uma ciência toda pessoal. Infelizmente, as mulheres nem sempre admiraram Dom Quixote.

Ele se voltou para mim, quase irritado:

— Ora, não seja modesto. Estamos entre amigos. Elas preferiram sempre Sancho Pança!

Os dois que não casaram

Discutia-se no clube brasileiro de Alessandria, e o tema era a mulher italiana.

— Eu, numa crônica que fiz para o Brasil — disse um indivíduo magro e de acento mineiro —, classifiquei-as em mulheres medianamente belas, mulheres belas e mulheres muito belas. E não é, esta, opinião pessoal. Andei debatendo o tema com ingleses, americanos, poloneses, sul-africanos, australianos, hindus... Todos estão de acordo, pelo menos num ponto: na Itália, o teor de mulheres belas apresentado pela população é mais alto que em qualquer outra nação.

— O que mais me impressionou aqui — exclamou um camarada alourado e de óculos escuros — foi que as mulheres, mesmo quando são extremamente belas, não apresentam a psicologia clássica da mulher bela. Nas Américas, talvez porque os países de lá são de imigração masculina e a mulher, consequentemente, muito valorizada, estamos afeitos à mulher bela que é incondicionalmente escrava de sua beleza e que se alimenta gostosamente da própria vaidade. As mulheres belas na Itália são criaturas simples, acessíveis. E nisso eu vi o seu maior encanto.

— Suas observações são paralelas à minha experiência — disse um rapaz muito esbelto e de maneiras aristocráticas. E continuou: — Quando saem do seu meio e têm a experiência da vida mundana europeia, cercadas das lisonjas naturais dos homens de salão, as italianas criam o comportamento da mulher sofisticada. Mas, ainda assim, são criaturas extremamente vulneráveis. Lembro-me de que uma tarde entrei naquele clube civil de Florença, o Pozzo di Beatrice. Sento-me despreocupadamente no salão que fica à direita do dancing. Levanto os olhos e vejo, logo à minha frente, uma jovem que me olhava indiferentemente. Era uma mulher alta e extremamente bela: feições gregas sem serem frias, olhos profundos sem serem tristes, linhas de colo, braços e ombros suaves sem serem sensuais. Para dizer em poucas palavras: a mulher mais bela que os meus olhos já viram na Itália. Percebi isso em dois segundos, e percebi também que me tornaria um escravo daquela criatura se permanecesse ali: não me conteria e ficaria a devorá-la com os olhos permanentemente. Por uma questão de amor-próprio, de dignidade pessoal, resolvi defender-me: levantei-me e ocupei a cadeira que estava em direção oposta. Creio que fiz isso de maneira ostensiva e quase indelicada. As consequências desse meu ato foram curiosíssimas. A jovem Afrodite, quando passou para o salão de dança, parou um momento e olhou-me no rosto como para se certificar de alguma coisa. A sua expressão era equívoca como a de uma criança que analisa um caranguejo. O que ocorreu depois já não foi surpresa para mim: apresentaram-me a Afrodite (por iniciativa dela), percorri alguns dos recantos mais pitorescos de Florença em companhia de Afrodite (por iniciativa dela), passei a frequentar o Teatro Verdi com Afrodite (por iniciativa dela) e a visitar uma vez ou outra os bosques da casa de Afrodite (sempre por iniciativa dela). Para ser consequente com minha atitude intempestiva, fui forçado a permanecer no palco: se Afrodite esperava de mim isto, eu fazia aquilo; quando conversávamos, não tratava de assunto que envolvesse a sua beleza; se tirava o seu casaco de peles no teatro e os ombros alvíssimos me fascinavam os olhos, não os envolvia com o braço; quando Afrodite aproximava de mim o seu rosto para sentir o perfume de uma rosa que me prendera a atenção, não lhe beijava os lábios. Eu sabia que a única coisa que prendia aquela mulher a mim era a peculiaridade do meu comportamento. Um dia, voltávamos de um concerto e eu estava quase emocionado. Durante duas sonatas de Brahms, enquanto Afrodite aproximava o rosto do meu ouvido para me segredar coisas intermináveis, eu resistira atrozmente à tentação de beijá-la. Atravessamos o jardim da sua casa à última hora da tarde. A cabeça pesava-me e no coração eu suportava a angústia de um eremita que atravessa o seu quadragésimo dia de tentação. Atingimos a porta e eu resisti: não entraria, porque tinha um compromisso naquela hora; e, para patentear o meu propósito, tomei lhe a mão, numa despedida cortês, e beijei-a. Ao levantar a cabeça, Afrodite aproximou-se mais, inclinou-se e ofereceu-me os lábios. E não tornaria a ler naquele dia, suspiraria Francesca da Rimini das profundezas do Inferno. Em síntese, perdi a última batalha. Depois desse momento, todo o encanto estava desfeito.

— Agora me diga — retrucou um tenente R/1, de cabeça já meio branca. — Você seria capaz de casar com uma mulher dessas?

— Não — respondeu o amigo de Afrodite. — Em primeiro

lugar, porque seria exigir muito dela. Eu não poderia trazê-la permanentemente a salões mundanos, levá-la anualmente a Paris, corresponder-me periodicamente com os Magasins du Louvre. E se ela abandonasse tudo isso, abandonaria também a si mesma. Já não seria a mesma mulher e não teria encanto para mim.

— Bem. Não é a esse ponto que me refiro — volveu o outro. — Você seria capaz de casar com uma mulher, como fazem os italianos, sem especular antes se ela é virgem?

— Ora, meu caro — retrucou o rapaz de óculos pretos. — No Brasil, virgindade é prova de seriedade. Aqui, não. Neste país ninguém se sujeita às revelações e desenganos da primeira noite de casamento. Os noivos dão-se a conhecer antes. Um italiano com quem discuti esse assunto me disse: "O senhor não está vendo que eu, depois de encontrar uma mulher que me serve — talvez talhada por Deus para mim —, que em meio a muitas elegi e que amo, não vou abandoná-la pelo fato de que ela está em situação idêntica à minha, isto é, não é mais virgem?".

— Eu, de mim, digo: não casei na Itália porque não tive sorte — falou um rapaz moreno e de olhar triste, que acompanhara a conversa com uma revista na mão. — Conheci uma pequena em Lucca, tipo de brasileira: morena dos cabelos castanhos e olhos grandes. Uma noite que nevava muito, bati em sua casa e pedi abrigo. Foi uma revolução: essa gente me tratou tão bem como eu nunca fora tratado. Voltei lá muitas vezes, mas havia um capitão mais antigo na casa do que eu. Em muitas ocasiões, eu estava ao fogo com Petra. Ela gostava de ler poesias de Pascoli. O capitão chegava e eu ia me deitar. Não suportava aquele espetáculo a três. Finalmente, tive que me ausentar. Petra deu-me um volume de Pascoli para que, lendo, me lembrasse dela. Quando voltei, perguntou-me: “Leu as poesias?”. Sim. Lera muitas vezes, respondi. E, desde aquele dia, tudo mudou. Petra sempre recolhida quase não se deixava ver. Tomei aquilo como uma afronta e me retirei. Alguns meses depois soube, por um amigo, que ela caíra definitivamente nas mãos do capitão. Agora vocês vejam por que eu digo que não tive sorte: ontem arrumei a minha bagagem para ir para Francolise e dei com o livro de Pascoli. Folheei-o. E, folheando-o, deparei-me com uma carta de Petra. Uma carta que era um soluço, uma queixa e um apelo. Nenhum coração resistiria àquilo. Eu, que a amava, resistira.

— Quem não sabe é como quem não vê — concluiu o R/1. E acrescentou: — Um não casou porque teve pouca sorte, e o outro porque teve sorte demais. E eu lhes digo: é assim com linhas tortas que Deus escreve certo.

O Brasil em Capri

Foi em Capri que me tornei íntimo do tenente Cláudio. Vira-o muitas e muitas vezes por toda a Itália — sempre acompanhando altas patentes. É natural que essa posição privilegiada em que o via despertasse em mim uma surda antipatia. Mas aquele rapaz alvo, de olhos azuis, tinha maneiras tão aristocráticas, usava com tanta graça as mãos, destilava tanta naturalidade no seu sorriso, que sempre o observei, malgrado essa antipatia. Conversáramos duas ou três vezes sobre coisas banais, em Milão, Roma ou Veneza. E foi com certa surpresa, mas com positiva satisfação, que retribuí o abraço com que ele me recebia ali, tão imprevistamente, no cais de Capri.

Eu desfrutava mais uma daquelas *tochas* que iluminaram a solidão do meu desterro. E, como sempre, não estava só. Tinha pelo braço uma corista do São Carlos de Nápoles. Um atraso de condução, após uma representação pobre da *Gioconda*, trouxera até os meus braços aquela morena quase tropical de olhos de pitonisa. Dei-lhe um beijo na fronte e lhe apresentei o grande Cláudio: oficial de ligação do nosso estado-maior. Ele, com sua maneira metódica e insinuante, disse:

— Aqui está esse grande homem. Sempre a nos matar de inveja. Metade da Itália não resistiu ao seu sorriso.

E desde esse momento surgiu a intimidade. Intimidade que pareceu vir de longe, como se ambos nos viéssemos observando há muito. Cláudio representava para mim, sob muitos aspectos, um ideal a atingir. E suspeito que minha maneira fácil de me comunicar com as criaturas humanas e despertar simpatia o impressionou bastante.

Subimos o funicular e Cláudio me conduziu para um pequeno hotel com uma bela vista para a baía de Nápoles. Ali, tudo era caríssimo, avisou-me, mas tão bem montada estava a máquina de nos tirar dinheiro que a nossa vida se simplificava em três ou quatro atitudes.

Mas foi somente no dia seguinte que percebi como era complexa a psicologia daquele indivíduo.

Às nove horas da manhã reunimo-nos na Marina Grande para um passeio à Gruta Azul. Encontrei o Cláudio com uma senhora — digo senhora porque era mulher que havia muito transpusera o promontório dos trinta. Ele representava maravilhosamente o turista inglês: chapelinho de veraneio adquirido no bazar da esquina, sapatos de pano, máquina fotográfica. A mulher que o acompanhava, e que ele nos apresentou com tanta graça de salão, era uma dinamarquesa que vivia com um escritor russo de quem eu nunca ouvira falar. Uma dessas criaturas insuportáveis — para mim — criadas no meio cosmopolita de Genebra, desleixadamente vestidas num *magasin* de Paris, com um curso de arte em Florença. Eu não conseguia compreender como o meu amigo ia levar pessoa tão exótica para passeio tão lírico. Abracei num sentimento de conforto a minha Mimi, e dispus-me a contemplar a paisagem.

A costa capresa é um poema visual, uma festa de colorido. A muralha de rocha, fendida de grutas de todos os formatos, recebe o beijo branco das águas azuis e mostra aqui uma fortaleza moura, ali esconde um castelo romano, lá descobre a mansão de marfim de um poeta moderno.

Embebido naquela paisagem, eu apertava contra mim a doce companheira que o espaço exíguo do barquinho me obrigava a ter nos braços. Em dado momento, o barqueiro teve a triste lembrança de cantar. E vomitou sobre nós, com uma voz áspera e afetada, um "*Viru u mare quano è bello*".

As águas ainda não tinham dissolvido o ruído da última estrofe e Cláudio dizia:

— Esta viagem, a primeira vez que a fiz, levou-me a meditar sobre um valor que há muito eu varrera do meu espírito: a Torre de Marfim. E, como a são Luís nas ruínas, veio a meu espírito a futilidade das obras humanas. Partindo desse ceticismo sadio, a Torre assume uma posição respeitável porque encerra renúncia a uma das mais exuberantes fontes do prazer humano: a vaidade de realizar-se nas relações humanas.

Era evidente que o Cláudio sofria dessa doença, que tem certa gente refinada, de pôr a cabeça para trabalhar irresponsavelmente, como um cata-vento.

A Gruta Azul se anunciou primeiramente como uma decepção: um orifício na rocha que o fluxo e o refluxo do mar fechavam e abriam. Qual não foi o meu deslumbramento quando, aproveitando um daqueles momentâneos refluxos, o pequeno barco se atirou para dentro da pedra e penetrou no âmago da montanha. Em um instante fomos encasulados em pedra e recebemos nos olhos luz de azul intenso. A luz toda vinha da transparência da água, como se o sol estivesse no fundo do mar. E a água era tão límpida que, espanando ao encontro do remo, parecia fragmentar-se em luz.

Pulei do barco e mergulhei naquela imensa turquesa líquida, e um momento sonhei, como na história de fadas, que emergia no caldeirão de prata do cavaleiro dos infernos.

Quando tornei, Cláudio tentava tirar fotografias, e a sua companheira, calmamente deitada, parecia ter os olhos abismados na pedra escura e enlodada. Despertou e sorriu quando o barco sacolejou à minha subida. Fiz um esforço de coração para descobrir nela qualquer coisa de humano.

Para a tarde, programamos o outro passeio convencional na ilha: Anacapri, a igreja seiscentista, o museu de Axel Munthe.

Cláudio completou sua toalete com um cachimbo metálico; eu dispensei a gravata e levantei as mangas; e a minha Mimi inaugurou um amorável short branco.

Os acolchoados do carro logo despertaram a loquacidade da amiga do Cláudio. Falando francês, ela se dirigiu a mim na maneira modesta de quem faz a própria apresentação:

— Uma das mais belas surpresas que tenho tido em minha vida: o conhecimento dos oficiais brasileiros.

Eu sabia que minha companheira não entendia francês, e respondi em italiano, com um agradecimento discreto. Ela continuou, como se não ouvira:

— Sou grande admiradora do gênio latino, e recebo agora a revelação de que essa grande cultura mediterrânea tem seguidores na América de que pode orgulhar-se. Pessoalmente, sou uma curiosa das artes dos silvícolas da América meridional. Procurei o ilustre Claudius — acrescentou rindo — no interesse de saber se há entre os brasileiros, aqui em Nápoles, algum especialista em culturas primitivas do seu país. Tão substanciosas foram, entretanto, as revelações sobre o ambiente cultural brasileiro que me fez o Cláudio, que já me animo a uma viagem de pesquisas, ou melhor, de ilustração, ao Brasil.

O carro parou em uma pequena praça, quase um pátio, onde descemos para visitar a igreja de San Michele. Barroca e pequena, por fora não desperta curiosidade. Internamente, a pureza do seu estilo prende a atenção, logo monopolizada pelo pavimento de mosaico, que constitui uma vasta representação da criação do mundo. Adão e Eva expulsos do Paraíso é o único detalhe da imensa composição que desperta real interesse.

Ouvi tudo isso, prolixamente dissolvido em encômios, de um desses cicerones profissionais que tanto nos irritam na Itália, e corri para o lado de fora, onde Cláudio calmamente se exercitava na arte fotográfica.

Na flagrante intenção de abreviar o passeio, sua companheira dizia:

— A casa da rainha da Suécia construída pelo Munthe é completamente sem sabor. Uma enfermaria alemã desperta mais interesse. — E, num desses impulsos tão banais de curiosidade feminina, acrescentou: — É verdade que ela teve um filho dele?

Cláudio levantou os olhos da máquina:

— Dele quem?

— Do Axel Munthe — explicou ela.

Sua voz se distendeu daquela maneira metódica que me seduzia:

— Não sei. Dele me interessam apenas quatro ou cinco páginas da mais bela poesia que em prosa se escreveu neste século.

Logo depois, o carro nos deixou diante de uma vereda. Dali subimos para o museu que foi a casa do ilustre escritor sueco.

Quando me encontrei no belo jardim, veio-me súbita vontade de fugir de todos aqueles mármores e bronzes romanos, e sentir a natureza, sentir a paisagem, sentir a doce Mimi. Caminhamos por uma alameda que nos levou a um recanto do jardim. Sentamo-nos e, por dois minutos, sorvemos o prazer de estar a sós.

Eu me entregava ao doce langor de um curto repouso e subitamente fui apresado pelo espírito mágico que anima todo aquele ambiente. Ali sentado, junto àquela mesa de pedra, de um só lance de vista eu descortinava o Vesúvio e o velho palácio de Tibério, separados pela baía de Nápoles. E à minha frente, como se me guiasse e inspirasse, uma esfinge de pedra debruçava o olhar no infinito. O instante mágico dessa revelação me aguçou de tal maneira a sensibilidade que, por um instante, julguei estar de posse de todos os segredos da alma humana. Mimi estremeceu como se tomasse um choque. Olhou-me com seus olhos egípcios e beijou-me.

Quando me encontrei a sós com Cláudio, no jardim do hotel, não me contive:

— Homem de Deus, onde você desencavou aquela preciosidade de mulher? Não posso estar junto dela sem estourar de rir. Fico a imaginar como será que ela, com todos aqueles dedos e asas, se senta numa latrina.

Cláudio conteve um riso indiscreto e disse:

— Você não vê a maravilha que eu tenho ali? Ela é especialista em coisas do Brasil, das selvas do Brasil. Uma noite, procurou-me aqui, roída de curiosidade e sem ocultar um vago temor. Percebi claramente que ela estava em dúvida se eu usava tanga por baixo da farda. Estudou arte ameríndia nos museus, assim como você estudou egiptologia. Acreditava que o Brasil eram as tabas, os tabus e os pajés...

— E agora — interrompi —, com a mesma boa-fé e facilidade de concluir, ela vai imaginar que o Brasil é uma Atenas americana, a julgar pela palestra do ilustre Claudius...

— *Mirabile dictu* — acrescentou ele, rindo.

Humor versus bom gosto

Encontrei o tenente Cláudio, pela segunda vez, em Nápoles. Estávamos ambos hospedados no mesmo pavimento daquele Hotel Terminus, tão limpo e tão próximo da suja praça Garibaldi, centro dos gatunos napolitanos.

Porque estava sempre com oficiais americanos, nós, brasileiros, insensivelmente afastávamo-nos dele. Embora todos admirássemos muito os americanos como grupo organizado e padrão de eficiência, descobríamos neles qualquer coisa de simplório que nos desagradava. E, para nossa suscetibilidade de meridionais, a iniciativa de procurá-los envolvia subserviência. A verdade é que éramos admiradores dos americanos, mas não seus amigos; eles nos tratavam com atenções e considerações, mas com frieza.

Cláudio uma vez me disse:

— Eu conheço essa gente, da escola pública em Washington ao colégio em Boston. Gostariam imenso de privar conosco. Têm por nós uma curiosidade cheia de admiração. Mas são tímidos. Nós fugimos deles por complexo de inferioridade. Eles nos evitam por timidez.

Um dia em que apareci no hotel, triunfante, com uma garrafa de cachaça numa das mãos e, na outra, uma de laranjinha, Cláudio exclamou:

— Vamos fazer uma festança com os americanos. Se você me permite, organizo um grupo cosmopolita, lá no bar, e vai ser divertido e curioso.

Entreguei as duas preciosas garrafas ao amigo que me falava assim com tanta convicção e prometi descer para o bar às dez horas.

Uma orquestra ruim, com um repertório péssimo, inutilizava o salão. É admirável como se ouve música ruim em toda a Itália! Como essa música de segunda e terceira, que constitui o repertório dos pequenos grupos orquestrais improvisados, ali é tocada! Nos hotéis ocupados pelos americanos, aquela coisa pobre é aceita como uma fatalidade. Assim como se aceitam o Vesúvio e suas lavas. Não gostam nem desgostam. Deixam estar...

Quando desci, ainda desconfiado de que a orquestra persistia, Cláudio me recebeu com um grupo:

— É este o explorador arrojado que descobriu as botelhas preciosas não se sabe em que covil.

As apresentações foram ligeiras: dois oficiais americanos, um oficial inglês da Rodésia, dois príncipes da Abissínia.

Em quarenta minutos, a aguardente havia transtornado todas as cabeças: eu fiz uma demonstração de coreografia negra brasileira, dançando alguns passos de maracatu e gritando bum, bum; um dos príncipes abissínios concedeu uma entrevista — creio arrojada — a um jornalista inglês que se abeirava da garrafa mágica. E outras pessoas apareceram para aumentar o grupo feliz. Um cavaleiro da UNRRA —[28] natu-

28 United Nations Relief and Rehabilitation Administration (Administração das Nações Unidas para Assistência e Reabilitação), criada em 1943 para ajudar os refugiados dos países envolvidos na Segunda Guerra Mundial.

ralmente há pouco chegado da América e ainda sedento do pitoresco e do exótico — pediu com seriedade que lhe cedesse o casco de "tão preciosa bebida importada do Brasil". Um outro americano, num gesto vaidoso de quem exibe velhas amizades, contou que conhecera uma enfermeira brasileira — moça de senso de humor. A um companheiro seu que lhe perguntara de onde viera, ela respondera de chofre:

— *From Brazil, not for you*.

Todos riram, exceto um dos abexins, a quem eu mantinha nesse momento sob cerrado interrogatório. Falava um francês claro e me informou que estudara na Suíça ciências sociais, tendo se demorado com particular interesse no estudo da geopolítica e da planificação social. Pretendia continuar muito breve suas atividades escolares na Califórnia.

A curva da embriaguez começou a involuir e o grupo a se dispersar. Na primeira hora da madrugada, levantamo-nos, eu, Cláudio e os dois oficiais americanos. Na sala de estar, um ar fresco me diluiu as últimas nuvens da embriaguez. Sentei-me. Os dois americanos, em pé, discutiam:

— Você é de *Baston*?

— Não, sou de Boston.

— Em que rua mora?

— Rua tal, número qual.

— E como se vai para essa rua?

— Descendo a avenida tal.

— É verdade? E onde é que você guarda o seu carro?

Eu já estava quase dormindo, quando Cláudio interveio:

— É curioso como esse humor de vocês para nós é bobo e quase grosseiro.

Houve um pequeno silêncio. Um dos americanos, o rapagão alto e seco que pronunciava *Baston*, equilibrou-se num pé, depois noutro, como se fizesse um esforço para compreender. Deu as costas e foi embora. O outro, um indivíduo baixo e forte, de calças curtas, olhou para Cláudio meio intrigado, meio irritado. Aproximou-se de nós, sentou-se. E, com uma calma positivamente intencional, disse:

— O senso de humor, meu amigo, é uma dádiva que a apenas dois povos da Terra foi concedida.

Cláudio olhou-me significativamente e, assumindo aquela sua pose de intelectual displicente, comentou:

— É pena que a essa dádiva nem sempre tenha sido acrescentada aquela outra, ainda mais preciosa, do bom gosto.

O americano era indisfarçavelmente um desses indivíduos feitos em Harvard, orgulhosos do pedigree, que usam uma coleção de atitudes e não gastam o seu latim com qualquer defunto. A cabeça bem-feita de Cláudio pendia ligeiramente para a direita. Havia nos olhos do meu amigo uma expressão doce de quem brinca com uma criança. O americano olhou-o, mudou de pose como no cinema muda o cenário, e exclamou:

— Bom gosto… Sim. É qualquer coisa de enigmático para nós. Você quer me dizer o que é isso?

— É difícil fazê-lo compreender — respondeu Cláudio imediatamente. — Porque a primeira condição para perceber o bom gosto é tê-lo. — E, num tom conciliatório, continuou: — Creia-me. É difícil para nós, latinos, conformarmo-nos com a pouca atenção que vocês dão ao gosto. Porque é através do gosto que se exprimem as formas mais elevadas de vida: a arte, a sociabilidade, o amor, a admiração, o respeito. Os padrões de educação que vocês adotam, se preparam instrumentos eficientes, limitam demais os horizontes ao homem.

Refiro-me ao homem comum da América, e não à gente de pedigree. É preciso que vocês percebam que a incapacidade do americano para improvisar e agir com independência fora da rotina nos prende tanto a atenção quanto a eficiência com que ele funciona dentro dessa rotina. Nós vemos o verso e o reverso da grandeza da América.

O homem de calças curtas se refugiara num mutismo solene. Mas a dureza de suas feições ia imperceptivelmente abrandando. Cláudio continuou, implacável:

— Mas, em vocês, o que mais choca aos latinos é a ausência de curiosidade intelectual e a pobreza de espírito crítico. Isso está simbolizado no *digest* — simplorização de todos os valores culturais. O desrespeito com que na América se mutila num *digest* a mais séria obra literária contrasta — de maneira incompreensível para nós — com a seriedade que de vocês merece o mais elementar manual técnico.

— O cavalheiro tem uma experiência muito unilateral da América — retrucou o americano, no seu inglês afetado. E acrescentou: — Eu poderia estar aqui a dissertar sobre a vasta contribuição dos Estados Unidos para o avanço das artes neste último meio século.

— E estaria corroborando o nosso ponto de vista — voltou Cláudio, meio irônico. — É o grande esforço da América para enxertar em si mesma uma cultura que não conseguiu assimilar. Também aqui na Europa podemos presenciar o esforço louvável que resulta nessas caravanas organizadas aos monumentos de nossa cultura. Vocês se enquadram perfeitamente dentro delas como em uma rotina qualquer. E, às vezes, fazem espírito — ou aparentam fazer —, como aquele jovem que a meu lado indagou, no Louvre, se a Gioconda era uma amante de Hitler, e como o aviador que se interessou pelo tipo de bomba que pusera inclinada a Torre de Pisa...

O homem de Harvard recebeu essas últimas palavras como bordoadas no rosto. Tanta audácia, creio, intimidou-o. Abriu a boca e falou com uma voz cortada de emoção:

— Essa gente estúpida e ignorante que vocês desprezam, essas crianças grandes de que vocês se compadecem salvaram a civilização. O sangue e o suor deles estão na base do mundo que vocês vão desfrutar. E é porque as mães de muitos deles se banharam em lágrimas que esses ilustres senhores da Europa não estão gemendo ao açoite do tirano.

Cláudio fez um gesto de fraternidade:

— É justamente a esse ponto que eu queria chegar, meu amigo. Nós devemos muito a vocês. Mas muito dá quem muito tem. E é para nós uma permanente tortura a suspeita de que vocês não têm uma exata compreensão da vasta responsabilidade que no mundo lhes assiste. Os americanos têm o destino de nossa civilização nas mãos. É que vocês sabem o que isso significa?

O americano pousou a mão sobre o braço de Cláudio quase com violência. Sua face se iluminou como se perdesse a máscara. Sua voz era amiga, quase fraternal:

— Você tem razão, meu velho. Também para muitos de nós, americanos, esse problema existe. Talvez seja reconfortante para você ouvir isso de mim. Nós somos extremamente provincianos; comumente, o nosso horizonte é o interesse do grupo a que pertencemos. Talvez eu esteja numa situação privilegiada para perceber isso, porque sou da América há apenas uma geração. Minha família é da Escócia; meu avô foi reitor da Universidade de Edimburgo; ainda convivi na infância com muitos parentes europeus. Sou americano e bem posso julgar os americanos; tudo somado e tudo deduzido, creia-me, pode-se confiar nessa gente.

Cláudio sorriu. E, com seriedade, afirmou:

— Um dos grandes valores do mundo moderno, valor construtivo que nos dá força a todos, é a sinceridade indiscutível e a admirável boa-fé do povo americano.

Aproveitei o momento de paz para propor um brinde à América e à civilização ocidental. Todos riram, e voltamos para o bar.

Quando subimos as escadarias do Terminus, arrastando o nosso cansaço e um resto de tonteira, Cláudio pôs a mão no meu ombro e disse:

— É esse ponto de fusão baixo, que apresentam quase todos os americanos de elite, que decepciona. Não têm coragem suficiente para fazer das tripas coração, das próprias fraquezas virtudes. Já a massa do povo não é assim. Sente-se que o homem de elite, refinado à moda europeia, é levado a negar os valores do povo. E quando se relaxa, ocorre aquilo que você viu: alegam que ainda têm um pé na Europa. Isso lembra tristemente a ironia de Theodore Roosevelt: a América é uma casa de pensão.

Entramos no corredor estreito. Uma enfermeira americana passou por nós, cumprimentou-nos com seriedade, e seguiu à frente, com o seu andar deselegante, esfregando as coxas grossas uma na outra.

Cláudio, sempre loquaz, comentou:

— Essa jovem nos deseja flagrantemente. Os seus olhos ardentes não conseguem esconder. Ter nos braços o corpo moreno de gosto de terra de um *Brazilian*, ser devorada pelos lábios insaciáveis de um meridional... Mas está tão longe de se entregar a qualquer de nós como nós, do Brasil. É esse puritanismo ingênuo que me seduz na América. Ao lado da boa-fé daquela gente, é a mais bela indicação de que o mundo vê surgir ali, entre o Atlântico e o Pacífico, uma nova Roma.

2. Com a palavra, a crítica

JOÃO LUSO: *De Nápoles a Paris: Contos da vida expedicionária*, de Celso Furtado[29]

Uma nota liminar nos adverte que os fatos narrados nestas páginas são "substancialmente" verdadeiros. Está visto que tal circunstância não favorece nem prejudica, em princípio, o valor da obra literária. A questão de ter ou não acontecido na vida real aquilo que o escritor nos conta pouco interessa ao geral dos leitores e nada deve influir no ânimo de quem tenha de dar a respeito a sua opinião. Há, porém, no presente caso uma condição especial de simpatia e de respeito, um fator a que, parece-nos, se não pode, se não deve fugir. O sr. Celso Furtado, o tenente Celso Furtado fez a campanha da Itália.

Antes de ser militar, fora novelista e jornalista; nessas duas qualidades, exercidas com igual brilho, apurara os seus dotes de observação e apreciação, adestrando a faculdade de exprimir com desenvoltura e clareza aquilo que os olhos viram e a emotividade experimentou. Quem começou a fazer literatu-

29 *Revista da Semana*, n. 27, 1946, seção "Livros novos", p. 35.

ra e a trabalhar na imprensa fica para sempre com as duas tendências e, dependentes embora da veemência do treino, as duas capacidades. Por isso, no correr das operações e incidentes da guerra, não deixava o jovem oficial de atuar como cronista. Era outra disciplina, disciplina do espírito e do gosto, a que ele se não poderia furtar. Assim foi colhendo impressões e organizando assuntos de conto ou fantasia, para quando tivesse mais vagar ou melhor ensejo de os converter em letra redonda — se é que lá mesmo, nos intervalos de combate, nas pousadas de acaso, no relativo sossego das cidades, não ia já dando largas à ansiedade de escrever. Assim se formaram as histórias que compõem o presente volume.

Quase todas elas de amor. Namorico efêmero, afeição mais ou menos profunda, paixão verdadeira... ou pouco menos — variam os temas conforme as criaturas, as "italianas ternas e gentis" a quem o autor envia "as suas saudades" e gratamente dedica o livro. Variam os cenários e os episódios, mas o estilo se mantém leve e límpido, com indeclinável prestígio cativante. E, repetimos, não deixa de influir no gozo da leitura pensar que o autor esteve entre os homens a quem fora confiada a missão de defender a integridade territorial e a dignidade de sua pátria.

O MALHO: *De Nápoles a Paris*, de Celso Furtado[30]

Estas são páginas bem vividas, *Contos da vida expedicionária*. O livro é dedicado à mulher italiana, que foi uma amiga decidida do brasileiro no front. É um gesto de carinho e grati-

30 *O Malho*, Rio de Janeiro, ago. 1946, seção "Livros e autores".

dão. São contos breves, mas sentidos. Aqui e ali, um bocado de emoção. Livro de realidades, e de saudades.

JORNAL DAS MOÇAS: *De Nápoles a Paris: Contos da vida expedicionária*[31]

Celso Furtado é outro escritor brasileiro que teve de atender às exigências inapeláveis do patriotismo e seguiu com as nossas Forças Expedicionárias para a Itália, onde viveu os dias apocalípticos da guerra, dando-nos agora *De Nápoles a Paris*. Ele faz, antes de tudo, uma afirmativa convicta: "Em toda a solidão humana que foi o torvelinho da guerra, o brasileiro não esteve só. Acompanhou-o sempre, gentil e terna, a mulher italiana".[32]

Isto acusa, de logo, a feição do interessante livro de contos do jovem e talentoso oficial da FEB que temos sobre a nossa mesa.

Contos de um tom romanesco, nos quais se narram, com viveza e graça de estilo, aventuras galantes e sentimentais, pondo em nítido relevo os tesouros de bondade, as riquezas de ternura acumuladas no coração das mulheres italianas. Os seus rendilhamentos de frase, que denunciam nele um aurífice da palavra, evocam, muitas vezes, um tanto ou quanto o fino lavor dos contos de Banville.

Espírito andejo, empenhou-se na Europa em românticas

31 *Jornal das Moças*, Rio de Janeiro, 10 out. 1946, seção "Feira de livros".

32 Frase da dedicatória às italianas que consta da primeira edição de *De Nápoles a Paris: Contos da vida expedicionária*, op. cit., 1946. O autor eliminou-a na edição de 1997 (São Paulo: Paz & Terra).

flâneries, indo de Nápoles, a bela cidade italiana onde o Tirreno forma um golfo, até o ventre de Paris, onde penetrou pelas enredadas florestas de Fontainebleau, em cujo castelo secular Napoleão assinou a abdicação de 1814. E o fruto de tudo isso é o livro de Celso Furtado, no qual encontramos a narração de curiosas aventuras, que vence e subjuga a atenção de quem o lê.

AIRES DA MATA MACHADO FILHO: Literatura expedicionária[33]

Sugere a epígrafe o subtítulo *Contos expedicionários* de recente volume de Celso Furtado: *De Nápoles a Paris* (Livraria Editora Zelio Valverde, Rio, 1946). Naturalmente acabaria em livro o contato do escritor com a guerra. Daí a literatura expedicionária.

O conteúdo do pequeno volume corresponde mais exatamente à indicação que transparece do título. Trata-se, principalmente, de impressões de viagem. Quase sempre assume aqui a ficção ar de expediente postiço. O que não pertence ao gênero de viagem classifica-se incertamente entre o conto e a crônica.

A caracterização de gêneros não é tão rígida que delimite fronteiras com rigor geográfico. Sentem-se, porém, com facilidade diferenças e confusões entre o conto e a crônica. O autor é o primeiro em declarar que a matéria do livro são "fatos substancialmente verdadeiros". Na mais condensada das formas narrativas, é difícil compor veracidade e arte sem prejudicar o toque de criação, característica estética funda-

33 *Diário de Notícias*, 28 jul. 1947, seção "Letras, artes, ideias gerais".

mental na ficção literária, como todo o mundo sabe. Antes o autor entremeasse, em crônicas sem pretensões a contos, casos reais interessantes.

Embora nem sempre harmonize com a intenção, a execução literária satisfaz. Celso Furtado escreve com sobriedade e bom gosto. Lidando com os meios de expressão aparentemente pobres, faz deles o que pede a inspiração. Não tem a preocupação de ser explícito, que fica bem aos narradores de relatórios. Sabe insinuar o que é escusado dizer. Esquiva-se à tentação de ser brilhante.

Infelizmente incide na "literatura" (entre aspas) naquele idílio que se deu num solar florentino. Momento de amor não se aglutina com êxtase de embevecida erudição ante as preciosidades da arte italiana. É, afinal de contas, vulgar o contraste entre a Europa do passado e a América do futuro. Valha a coragem de enfrentar tema realmente dificultoso.

Há, pelo menos, três contos acabados. Em dois, manifestam-se os dons de narrador equilibrado. São "Dois cigarros" e "Velhinha". Para meu gosto, justificam o livro, compensam defeitos naturais em marinheiro de primeira viagem, que a gente só indica para dizer tudo. Em ambos, sobreleva o fato na apresentação do elemento primordial do enredo. Surge normalmente, como uma coisa que acontece sem preparação nem alarde. O primeiro conta a história de um alemão que roubou os cigarros do brasileiro adormecido, para fumar com sossego, antes de suicidar-se. O outro tem como figura central a Velhinha, menina de seis anos cujos cabelos embranqueceram de uma noite para o dia, de medo, quando os nazistas mataram seus pais. São histórias típicas da guerra, tão desumana que envelhece uma criança em horas, mas cuja irracionalidade repugnante não destrói inteiramente a humanidade, nem mesmo nos deformados pela mística feroz. O terceiro dos contos destoa dos demais. Nele se deixa à mostra, como andaime em casa construída, o artifício da fabulação. A moça com quem andava o soldado brasileiro, novinha demais para o tempo de campanha, une-se ao cabo do rancho, ignorando-lhe a condição de casado, porque ele dispõe de recursos para alimentá-la. Isso parece arranjado expressamente para dar uma ideia dos imperativos da fome, que obrigava mulheres a "ceder qualquer dignidade", como anota Rubem Braga desabridamente. Não se marca bem o contraste do casamento sem amor com aquele "beijar como se fosse irmã". Enfim, o que verdadeiramente falta é a indefinível *réussite* literária, que a gente nem consegue expressar direito em português.

Beijos, aliás, amiúdam-se no livrinho. Como acontece nos filmes, é infalível em todos os capítulos. Lembra Medeiros e Albuquerque que essa mostra de ternura, frequente alhures, como simples cumprimento, é rara, entre nós, sob tal modalidade. Tira daí, é verdade que em 1905, a verificação de que o brasileiro é um povo antibeijocativo. Não será exclusivamente esse o motivo por que os beijos das italianas tanto impressionaram os nossos pracinhas...

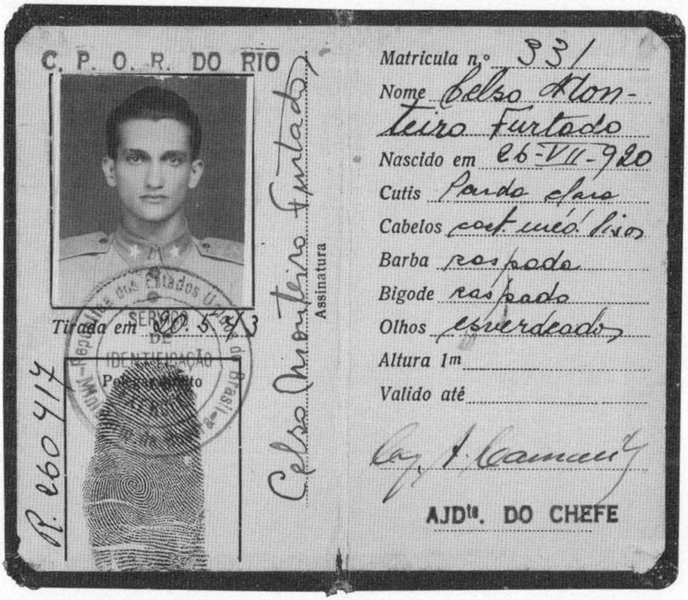

Carteira do CPOR, de onde CF saiu segundo-tenente da reserva.

Dia do embarque para a Itália, a bordo do *General Meigs*.

Com militares e civis das Forças Aliadas em visita aos brasileiros (CF em pé, primeiro à esq.).

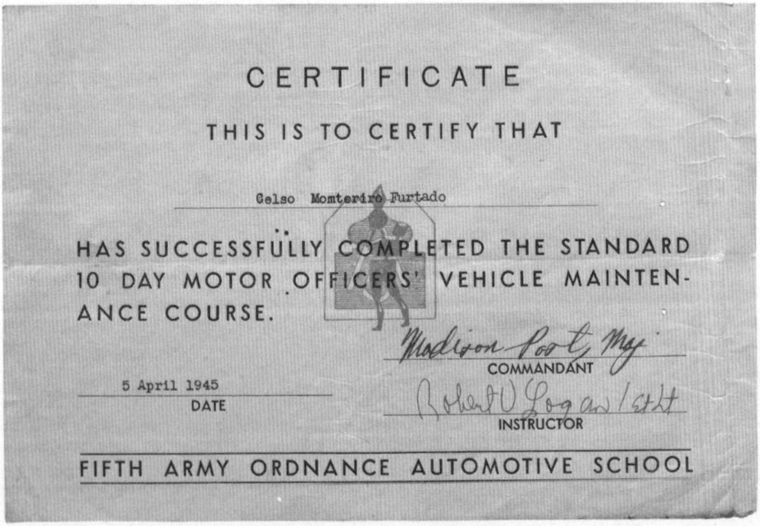

CERTIFICATE

THIS IS TO CERTIFY THAT

Celso Momteriro Furtado

HAS SUCCESSFULLY COMPLETED THE STANDARD 10 DAY MOTOR OFFICERS' VEHICLE MAINTENANCE COURSE.

COMMANDANT

5 April 1945

DATE

INSTRUCTOR

FIFTH ARMY ORDNANCE AUTOMOTIVE SCHOOL

Certificado do curso de mecânica de veículos militares.

Num acampamento na Toscana.

Em Livorno, no verão de 1945.

Nas ruas de Roma, em 1945.

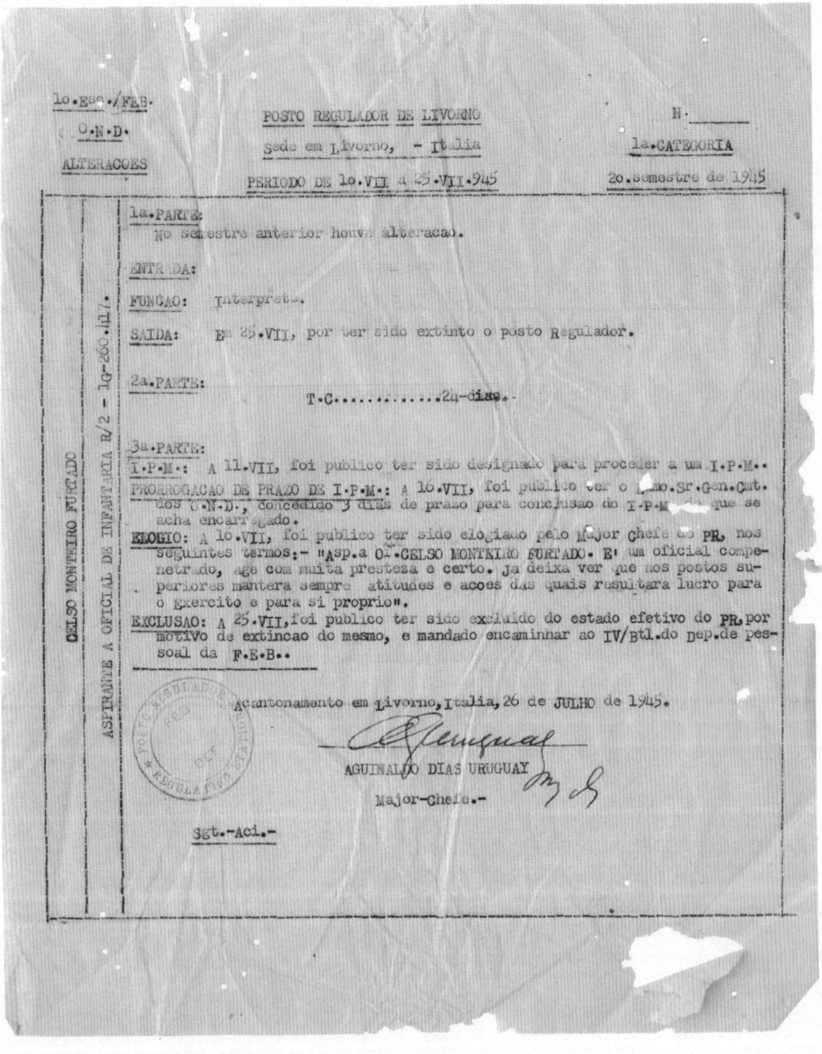

1o.Esq./FEB.
O.N.D.
ALTERACOES

POSTO REGULADOR DE LIVORNO
Sede em Livorno, - Italia
PERIODO DE 1o.VII a 25.VII.945

N.
1a.CATEGORIA
2o.semestre de 1945

CELSO MONTEIRO FURTADO
ASPIRANTE A OFICIAL DE INFANTARIA R/2 - 1g-260.417.

1a.PARTE:
No semestre anterior houve alteracao.

ENTRADA:

FUNCAO: Interprete.

SAIDA: Em 25.VII, por ter sido extinto o posto Regulador.

2a.PARTE:

T.C.............24-dias.-

3a.PARTE:
I.P.M.: A 11.VII, foi publico ter sido designado para proceder a um I.P.M..
PRORROGACAO DE PRAZO DE I.P.M.: A 16.VII, foi publico ter o Exmo.Sr.Gen.Cmt. dos O.N.D., concedido 3 dias de prazo para conclusao do I.P.M. de que se acha encarregado.
ELOGIO: A 16.VII, foi publico ter sido elogiado pelo Major Chefe do PR, nos seguintes termos:- "Asp.a Of.CELSO MONTEIRO FURTADO. E' um oficial compenetrado, age com muita presteza e certo. Ja deixa ver que nos postos superiores mantera sempre atitudes e acoes das quais resultara lucro para o Exercito e para si proprio".
EXCLUSAO: A 25.VII, foi publico ter sido excluido do estado efetivo do PR, por motivo de extincao do mesmo, e mandado encaminhar ao IV/Btl.do Dep.de pessoal da F.E.B..

Acantonamento em Livorno, Italia, 26 de JULHO de 1945.

AGUINALDO DIAS URUGUAY
Major-Chefe.-

Sgt.-Aci.-

Elogio pela missão como intérprete do v Exército.

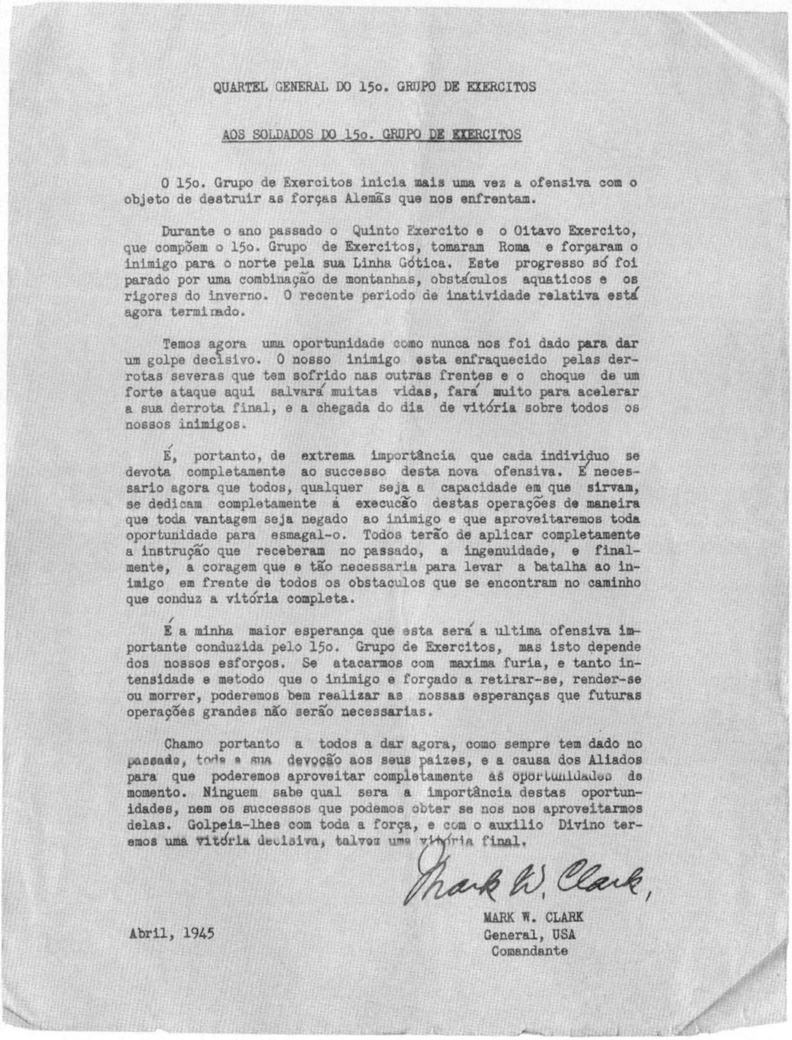

QUARTEL GENERAL DO 15o. GRUPO DE EXERCITOS

AOS SOLDADOS DO 15o. GRUPO DE EXERCITOS

O 15o. Grupo de Exercitos inicia mais uma vez a ofensiva com o objeto de destruir as forças Alemãs que nos enfrentam.

Durante o ano passado o Quinto Exercito e o Oitavo Exercito, que compõem o 15o. Grupo de Exercitos, tomaram Roma e forçaram o inimigo para o norte pela sua Linha Gótica. Este progresso só foi parado por uma combinação de montanhas, obstáculos aquaticos e os rigores do inverno. O recente periodo de inatividade relativa está agora terminado.

Temos agora uma oportunidade como nunca nos foi dado para dar um golpe decisivo. O nosso inimigo esta enfraquecido pelas derrotas severas que tem sofrido nas outras frentes e o choque de um forte ataque aqui salvará muitas vidas, fará muito para acelerar a sua derrota final, e a chegada do dia de vitória sobre todos os nossos inimigos.

É, portanto, de extrema importância que cada individuo se devota completamente ao successo desta nova ofensiva. É necessario agora que todos, qualquer seja a capacidade em que sirvam, se dedicam completamente á execução destas operações de maneira que toda vantagem seja negado ao inimigo e que aproveitaremos toda oportunidade para esmagal-o. Todos terão de aplicar completamente a instrução que receberam no passado, a ingenuidade, e finalmente, a coragem que e tão necessaria para levar a batalha ao inimigo em frente de todos os obstaculos que se encontram no caminho que conduz a vitória completa.

É a minha maior esperança que esta será a ultima ofensiva importante conduzida pelo 15o. Grupo de Exercitos, mas isto depende dos nossos esforços. Se atacarmos com maxima furia, e tanto intensidade e metodo que o inimigo e forçado a retirar-se, render-se ou morrer, poderemos bem realizar as nossas esperanças que futuras operações grandes não serão necessarias.

Chamo portanto a todos a dar agora, como sempre tem dado no passado, toda a sua devoção aos seus paizes, e a causa dos Aliados para que poderemos aproveitar completamente as oportunidades do momento. Ninguem sabe qual sera a importância destas oportunidades, nem os successos que podemos obter se nos nos aproveitarmos delas. Golpeia-lhes com toda a força, e com o auxilio Divino teremos uma vitória decisiva, talvez uma vitória final.

Mark W. Clark,

Abril, 1945

MARK W. CLARK
General, USA
Comandante

Apelo do general Mark W. Clark, comandante do v Exército, às vésperas da ofensiva final.

No Vaticano, diante da Basílica de São Pedro (CF à esq.).

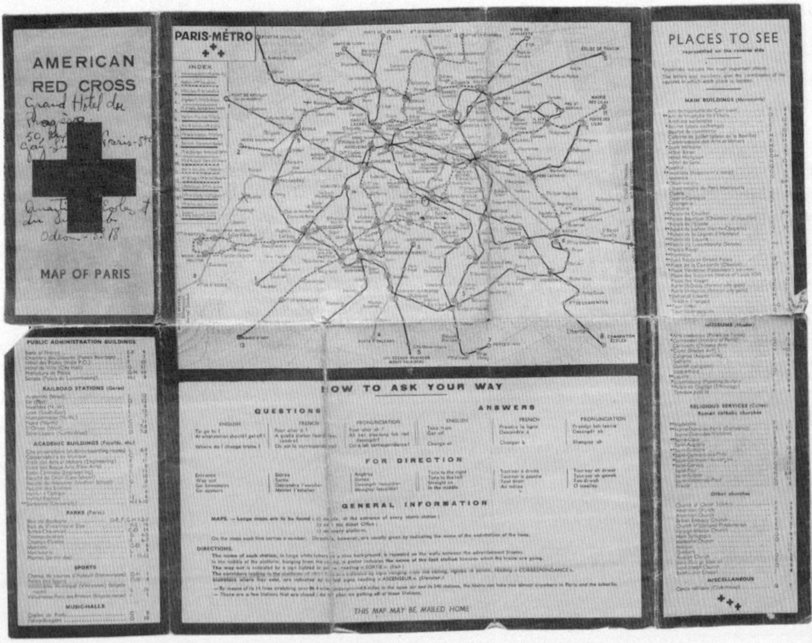

Mapa de Paris, editado pela Cruz Vermelha.
Acima à esq., endereço do Grand Hôtel du Progrès, onde CF se hospedou.

Verão de 1945: primeira viagem a Paris, em frente à Conciergerie.

Em Paris, tendo ao fundo a Pont Neuf.

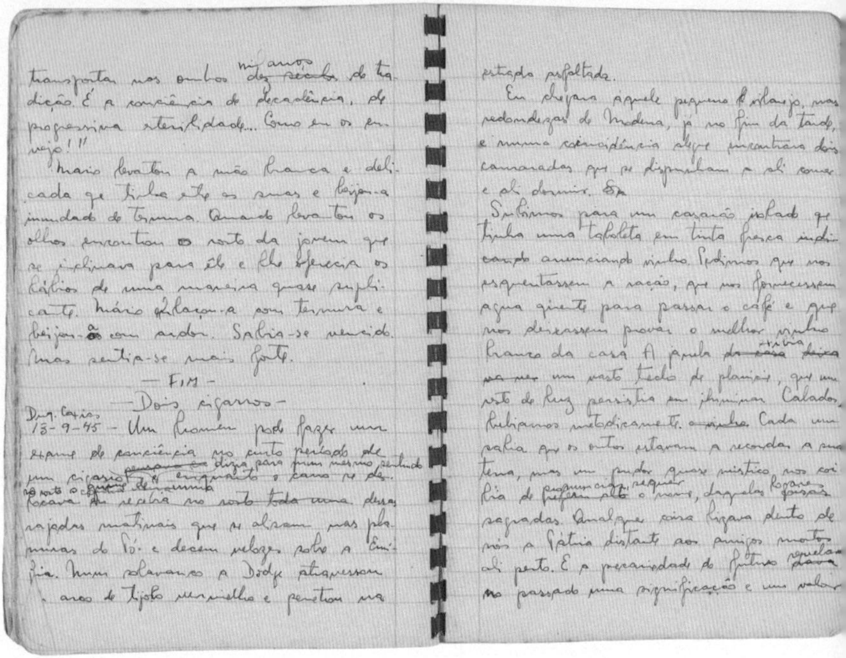

Manuscrito de “Dois cigarros”, escrito a bordo do *Duque de Caxias*, ao retornar ao Brasil.

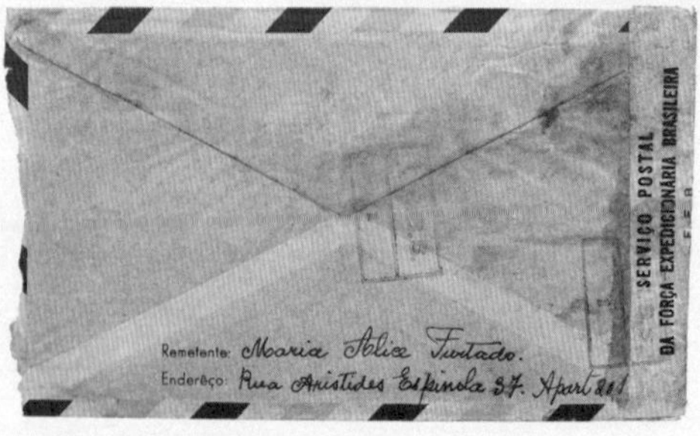

As cartas enviadas à Itália passavam pelo serviço postal da FEB, no Rio de Janeiro.

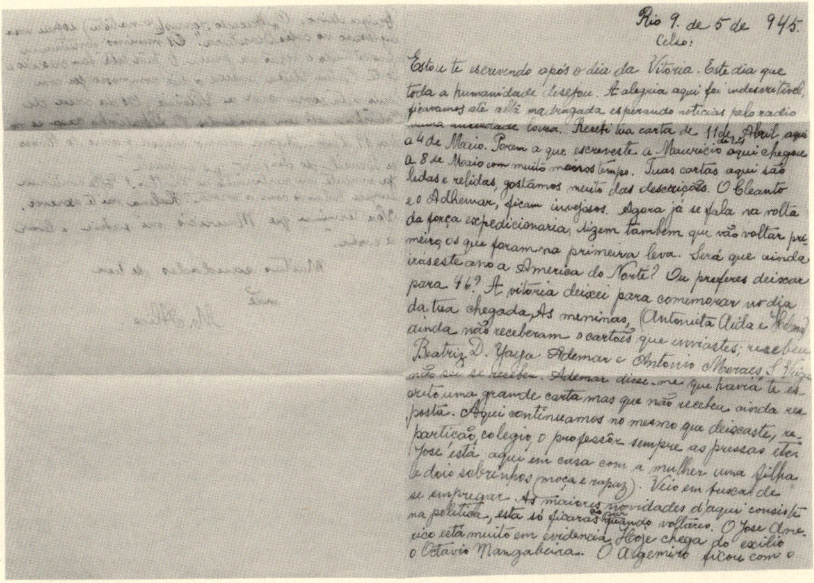

Rio 9. de 5 de 945.
Celso:

Estou te escrevendo após o dia da Vitória. Este dia que toda a humanidade desejou. A alegria aqui foi indescritível, ficamos até 2 hs da madrugada esperando notícias pelo radio numa ansiedade louca. Recebi tua carta de 11 de Abril aqui a 4 de Maio. Porem a que escreveste a Mauricio de 24 aqui chegou a 8 de Maio com muito menos tempo. Tuas cartas aqui são lidas e relidas, gostamos muito das descrições. O Cleanto e o Adhemar, ficam invejosos. Agora já se fala na volta da força expedicionaria, dizem tambem que vão voltar primeiro os que foram na primeira leva. Será que ainda irás este ano a America do Norte? Ou preferes deixar para 46? A vitória deixei para comemorar no dia da tua chegada. As meninas, (Antonieta Aida e Helena) ainda não receberam o cartões que enviastes; recebeu Beatriz D. Yayá Ademar e Antonio Moraes S. Virgilio não sei se recebeu. Ademar disse-me que havia te escrito uma grande carta mas que não recebeu ainda resposta. Aqui continuamos no mesmo que deixaste, repartição, colegio, o professor sempre as pressas etc. José está aqui em casa com a mulher uma filha e dois sobrinhos (moça e rapaz). Veio em busca de se empregar. As maiores novidades d'aqui consiste na politica, esta só ficarás sabendo quando voltares. O José Americo está muito em evidencia. Hoje chega do exilio o Octavio Mangabeira. O Algemiro ficou com o

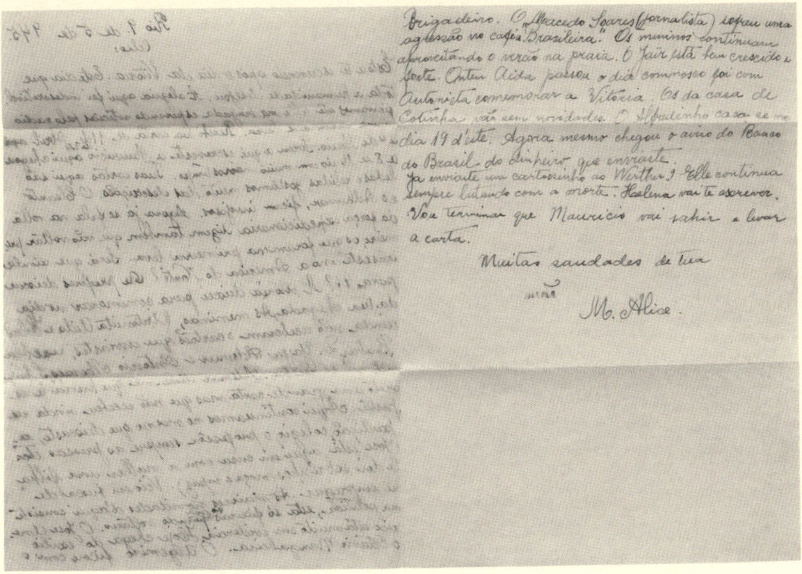

Brigadeiro. O Macedo Soares (jornalista) sofreu uma agressão no café "Brasileira". Os meninos continuam aproveitando o verão na praia. O Jair está bem crescido e forte. Ontem Aida passou o dia comnosco foi com Antonieta comemorar a Vitória. Os da casa de Cotinha vão sem novidades. O Alfredinho casa-se no dia 19 d'este. Agora mesmo chegou o aviso do Banco do Brasil do dinheiro que enviaste. Já enviaste um cartãozinho ao Werther? Elle continua sempre lutando com a sorte. Helena vai te escrever. Vou terminar que Mauricio vai sahir e levar a carta.

Muitas saudades de tua
mãe
M. Alice.

Carta de Maria Alice Furtado, mãe de CF, no dia seguinte ao Dia da Vitória.

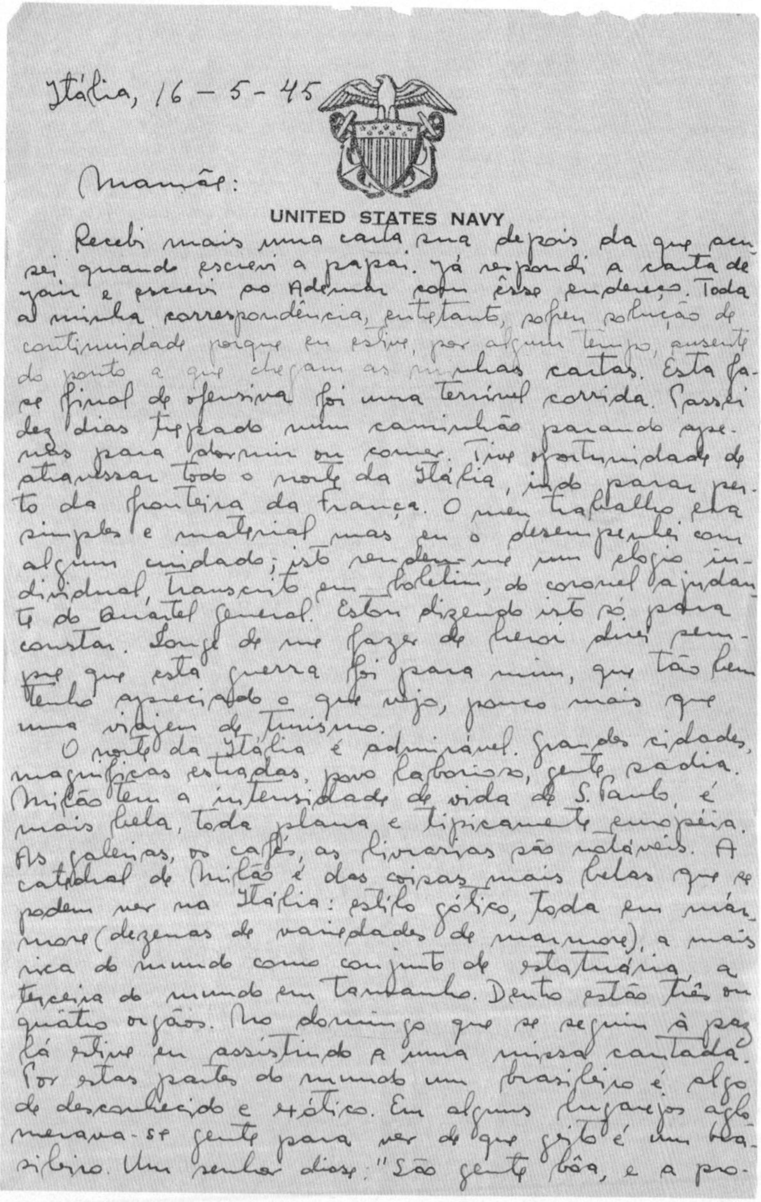
UNITED STATES NAVY

Itália, 16-5-45

Mamãe:

Recebi mais uma carta sua depois da que acusei quando escrevi a papai. Já respondi a carta de Jaime e escrevi ao Ademar com êsse endereço. Toda a minha correspondência, entretanto, sofreu solução de continuidade porque eu estive, por algum tempo, ausente do ponto a que chegam as minhas cartas. Esta fase final da ofensiva foi uma terrível corrida. Passei dez dias trepado num caminhão parando apenas para dormir ou comer. Tive oportunidade de atravessar todo o norte da Itália, indo parar perto da fronteira da França. O meu trabalho era simples e material mas eu o desempenhei com algum cuidado; isto rendeu-me um elogio individual, transcrito em boletim, do coronel ajudante do Quartel General. Estou dizendo isto só para constar. Longe de me fazer de herói direi sempre que esta guerra foi para mim, que tão bem tenho apreciado o que vejo, pouco mais que uma viagem de turismo.

O norte da Itália é admirável. Grandes cidades, magníficas estradas, povo laborioso, gente sadia. Milão tem a intensidade de vida de S. Paulo, é mais bela, toda plana e tipicamente européia. As galerias, os cafés, as livrarias são notáveis. A catedral de Milão é das coisas mais belas que se podem ver na Itália: estilo gótico, toda em mármore (dezenas de variedades de mármore), a mais rica do mundo como conjunto de estatuária, a terceira do mundo em tamanho. Dentro estão três ou quatro órgãos. No domingo que se seguiu à paz lá estive eu assistindo a uma missa cantada. Por estas partes do mundo um brasileiro é algo de desconhecido e exótico. Em alguns lugarejos aglomerava-se gente para ver de que jeito é um brasileiro. Um senhor disse: "São gente bôa, e a pro-

Carta a Maria Alice Furtado, em que o filho fala de viagens e planos para a volta.

paganda fascista proclamando que êles eram como feras." Levei um dia um negro num lugar conquistado na véspera e foi um sucesso: as crianças corriam de todos os lados para vê-lo e até uma moça veio me perguntar se êle falava como nós. Muitas pessoas têm grande admiração pelo Brasil. Em Milão uma senhorita olhou para mim admirada e disse: "Brasiliano? O Brasil para nós é um sonho." Tenho que confessar que a minha tez queimada e o meu tipo de sertanejo causam aqui uma reação radicalmente diferente da que eu esperava. Particularmente as moças exteriorizam sua admiração de uma maneira simpática. Lembro-me que um dia, passando por um castelo parei para tomar vinho e uma criatura loira e delicada que me veio atender, pensando talvez que eu a não entendesse, disse: "Meu Deus, que estranho, parece um homem do deserto!!" Eu bebi o vinho e quase banco mesmo o homem do deserto levando comigo raptada a meiga castelã...

Com a conclusão das operações e a esperança de breve retorno, já se pode pensar um tanto em programa de vida. Estou aqui a matutar no que vou fazer, no que poderei estudar, no que terei de realizar. Tudo por aí se modificou tanto, desde minha saída, que se torna indispensável uma revisão geral do programa de vida. E eu sem um bom programa sou um homem morto...

Mande notícias de todos.

Saudades Celso

Carta de CF à mãe. Toda a correspondência dos pracinhas era aberta pela censura.

Capacete de aço do exército nazista, trazido como troféu de guerra.

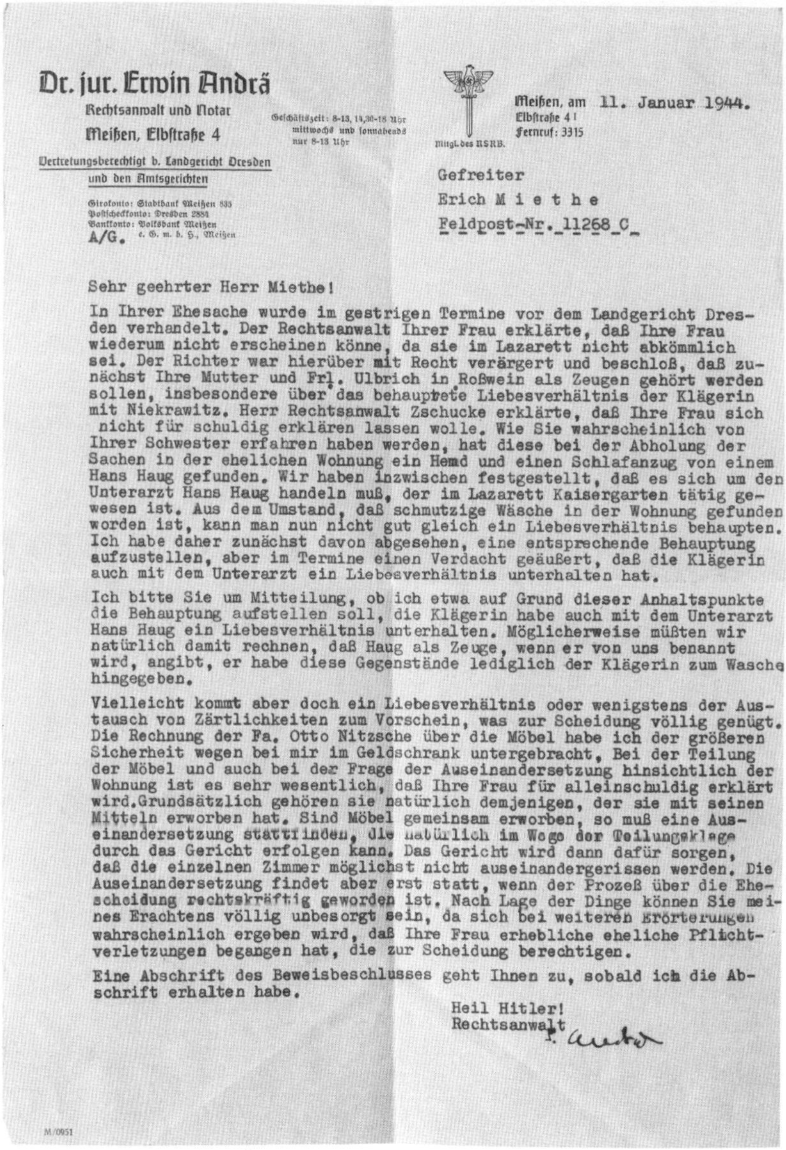

Dr. jur. Erwin Andrä
Rechtsanwalt und Notar
Meißen, Elbstraße 4

Vertretungsberechtigt b. Landgericht Dresden
und den Amtsgerichten

Geschäftszeit: 8-13, 14,30-18 Uhr
mittwochs und sonnabends
nur 8-13 Uhr

Mitgl. des NSRB.

Meißen, am 11. Januar 1944.
Elbstraße 4 I
Fernruf: 3315

Girokonto: Stadtbank Meißen 835
Postscheckkonto: Dresden 2884
Bankkonto: Volksbank Meißen
e. G. m. b. H., Meißen
A/G.

Gefreiter
Erich M i e t h e
Feldpost-Nr. 11268 C

Sehr geehrter Herr Miethe!

In Ihrer Ehesache wurde im gestrigen Termine vor dem Landgericht Dresden verhandelt. Der Rechtsanwalt Ihrer Frau erklärte, daß Ihre Frau wiederum nicht erscheinen könne, da sie im Lazarett nicht abkömmlich sei. Der Richter war hierüber mit Recht verärgert und beschloß, daß zunächst Ihre Mutter und Frl. Ulbrich in Roßwein als Zeugen gehört werden sollen, insbesondere über das behauptete Liebesverhältnis der Klägerin mit Niekrawitz. Herr Rechtsanwalt Zschucke erklärte, daß Ihre Frau sich nicht für schuldig erklären lassen wolle. Wie Sie wahrscheinlich von Ihrer Schwester erfahren haben werden, hat diese bei der Abholung der Sachen in der ehelichen Wohnung ein Hemd und einen Schlafanzug von einem Hans Haug gefunden. Wir haben inzwischen festgestellt, daß es sich um den Unterarzt Hans Haug handeln muß, der im Lazarett Kaisergarten tätig gewesen ist. Aus dem Umstand, daß schmutzige Wäsche in der Wohnung gefunden worden ist, kann man nun nicht gut gleich ein Liebesverhältnis behaupten. Ich habe daher zunächst davon abgesehen, eine entsprechende Behauptung aufzustellen, aber im Termine einen Verdacht geäußert, daß die Klägerin auch mit dem Unterarzt ein Liebesverhältnis unterhalten hat.

Ich bitte Sie um Mitteilung, ob ich etwa auf Grund dieser Anhaltspunkte die Behauptung aufstellen soll, die Klägerin habe auch mit dem Unterarzt Hans Haug ein Liebesverhältnis unterhalten. Möglicherweise müßten wir natürlich damit rechnen, daß Haug als Zeuge, wenn er von uns benannt wird, angibt, er habe diese Gegenstände lediglich der Klägerin zum Wasche hingegeben.

Vielleicht kommt aber doch ein Liebesverhältnis oder wenigstens der Austausch von Zärtlichkeiten zum Vorschein, was zur Scheidung völlig genügt. Die Rechnung der Fa. Otto Nitzsche über die Möbel habe ich der größeren Sicherheit wegen bei mir im Geldschrank untergebracht, Bei der Teilung der Möbel und auch bei der Frage der Auseinandersetzung hinsichtlich der Wohnung ist es sehr wesentlich, daß Ihre Frau für alleinschuldig erklärt wird.Grundsätzlich gehören sie natürlich demjenigen, der sie mit seinen Mitteln erworben hat. Sind Möbel gemeinsam erworben, so muß eine Auseinandersetzung stattfinden, die natürlich im Wege der Teilungsklage durch das Gericht erfolgen kann. Das Gericht wird dann dafür sorgen, daß die einzelnen Zimmer möglichst nicht auseinandergerissen werden. Die Auseinandersetzung findet aber erst statt, wenn der Prozeß über die Ehescheidung rechtskräftig geworden ist. Nach Lage der Dinge können Sie meines Erachtens völlig unbesorgt sein, da sich bei weiteren Erörterungen wahrscheinlich ergeben wird, daß Ihre Frau erhebliche eheliche Pflichtverletzungen begangen hat, die zur Scheidung berechtigen.

Eine Abschrift des Beweisbeschlusses geht Ihnen zu, sobald ich die Abschrift erhalten habe.

Heil Hitler!
Rechtsanwalt

M/0951

Carta de um advogado alemão de Dresden, com a saudação “Heil Hitler!”.

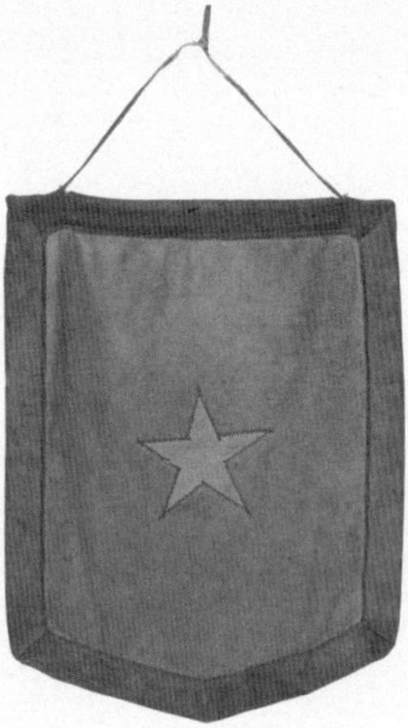

Flâmula de seda verde e amarela recebida pelas famílias dos pracinhas.

Uniforme de passeio de CF, segundo-tenente da FEB.

Distintivo "coração do Brasil", usado pelos soldados.

Diploma da Medalha de Guerra, concedida por "serviços relevantes".

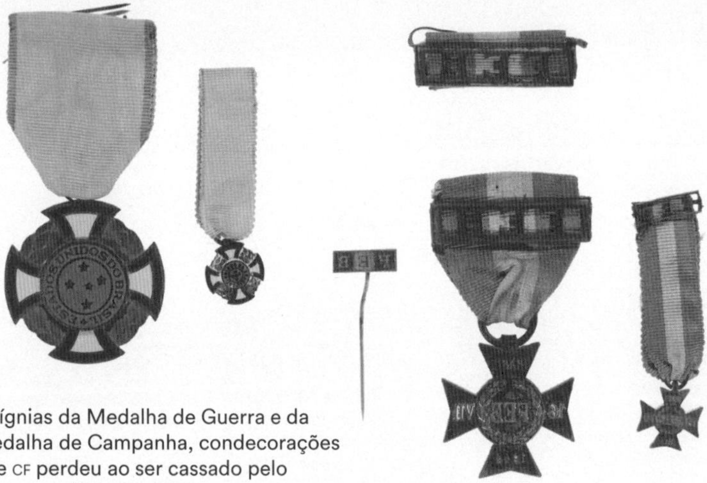

Insígnias da Medalha de Guerra e da Medalha de Campanha, condecorações que CF perdeu ao ser cassado pelo governo militar em 1964.

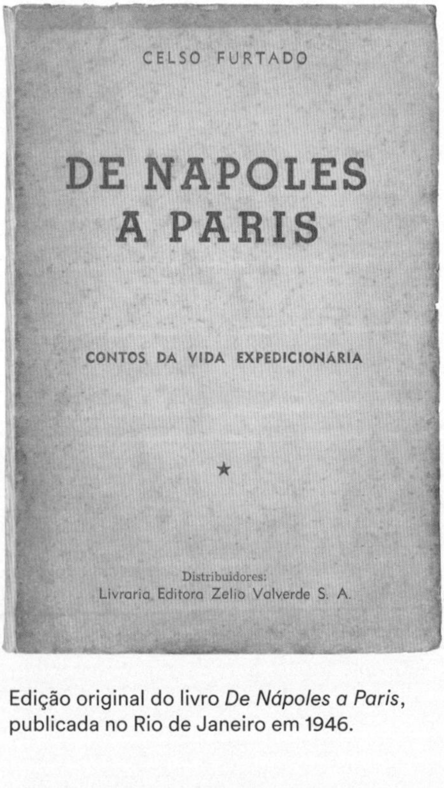

Edição original do livro *De Nápoles a Paris*, publicada no Rio de Janeiro em 1946.

3. Cadernos de um expedicionário

A apresentação ao CPOR[34]

A nossa apresentação na Diretoria das Armas foi coletiva. Éramos uns cem jovens e todos pareciam desorientados. Um oficial (creio que um major) ordenou que entrássemos em forma, pronunciou um pequeno mas enfático discurso patriótico. Falou que havia chegado para nós o grande dia — o dia de servir à Pátria como soldados. Havia uma coisa que ligava aquele homem bem fardado e bem seguro a nós — o fato de seu filho ter sido chamado conosco. Ele o disse logo. E no seu grande esforço para construir uma lógica com valores mágicos, eu sentia o homem em busca de convicções para si mesmo. Entretanto, nunca os símbolos da fraseologia patriótica se me afiguraram tão vazios. Nenhuma conexão pareciam ter com a guerra, com o meu sacrifício, com a minha vontade de ir ou ficar. E qual seria a minha vontade?

Uma manhã eu saí de casa para preencher uma das últimas formalidades como ex-aluno do CPOR. Aproximava-me

34 Texto manuscrito, *c.* fim de 1945. Segundo os jornais da época, em 17 de dezembro de 1944 a turma formada em outubro pelo CPOR é chamada a comparecer ao Estado-Maior do Exército, no Rio de Janeiro.

do quartel quando um amigo me comunicou que todos havíamos sido convidados a declarar se queríamos ou se não queríamos ser incorporados à Força Expedicionária. O meu primeiro impulso foi de satisfação — é claro que eu queria. Não falou em mim o patriota, mas o jovem ainda aventureiro. E também falou em mim o homem recalcado, o homem falhado, que é a criatura deste mundo de hoje. Horas e horas pensei nessa resposta pelas areias do Leblon. Eu sabia que nunca poderia dizer Não. A argumentação de muitos amigos gritava alto nos meus ouvidos: nós não temos preparo técnico, nós não fizemos sequer estágio, há milhares de oficiais da ativa enfeitando as ruas. Tudo isto era ou podia ser verdade. Mas se no plano do consciente se desenvolvia essa discussão, a decisão já estava sedimentada no subconsciente. O homem que busca oportunidade para se vingar de si mesmo. Para se iludir da própria insignificância. Eu passava a ser desde aquele momento não mais um número dentro da multidão, um empregado público, um simples, uma criatura da parte de baixo da classe média. O simples fato de que minha vida estava em jogo transplantava-me para um plano heroico de vida. Eu podia caminhar orgulhosamente, voltado para mim mesmo, assim como caminhava quando entrara na vida e descobrira o mundo — e pensara que o mundo era uma descoberta só minha e me pertencia. O herói falhado que existe em cada homem encontrava assim uma oportunidade para despertar. Era uma posição irracional que eu assumia, irredutível a toda e qualquer ordem de raciocínios.

Aquele homem estava ali fazendo um discurso patriótico que absolutamente não me atingia. As suas razões de soldado, que eram uma cadeia de dogmas, pareciam-me ridículas na sua fragilidade. Se ele dissesse que eu não iria mais seria um grande desapontamento. Nem por isso aquelas razões deixavam de me parecer ridículas.

Como eu não tinha coragem de afirmar que desejava ir por espírito de aventura, retraía-me e evitava discutir o assunto. Pelo menos para uso externo, quase ninguém queria ir. E eu me divertia com os antigos caxias, bem fardados e bem posudos, que agora não conseguiam ocultar o desapontamento. Creio que será difícil encontrar uma turma com preparação psicológica mais negativa para a guerra do que essa.

Quando estivera a prestar o exame de saúde me preocupei muito com o meu ouvido. Eu sabia que era selecionado e gozava de qualidades físicas excepcionais. Um de meus ouvidos, entretanto, era inutilizado. Uma doença caseira de que me descuidara inutilizara-me o ouvido esquerdo. Eu tive medo que isso me prejudicasse. E menti. O médico anotou: audição diminuída do lado esquerdo. E a audição era nula.

Na Vila Militar[35]

Há dois anos que eu estudava técnica de organização. O valor do esforço humano, a importância da definição de objetivos, a necessidade de coordenação em todos os níveis eram para mim categorias fundamentais de uma organização. O exército na forma que me foi apresentado era a negação de tudo isso. Ali estávamos, cem oficiais, desorientados. De início o técnico trabalhava em mim: fazia cálculos — quanto esforço estava sendo perdido naquelas horas de ócio coletivo, quanto dinheiro a nação estava pondo no lixo, que desorientação não estaria resultando para muita gente daquela desorganização geral...

Poucos dias depois fui posto à disposição da Missão Militar Americana como oficial de ligação. O fato de eu falar inglês condicionaria toda a minha participação na Força Expedicionária. Apresentei-me ao oficial a quem eu deveria substituir. Era um primeiro-tenente da reserva de infantaria, médico de profissão, há dois anos convocado. Incapacitado para a FEB. Era cortês e inteligente mas viciadamente rotineiro: gostava de complicar as coisas para resolver depois as difi-

35 Texto manuscrito datado de 20 jan. 1946. Título do autor.

culdades. Assim ele conseguiria dar a si mesmo uma grande importância. Tinha um jipe à sua disposição.

No primeiro dia em que saímos juntos alcancei as linhas principais do seu caráter. Entramos na bomba de gasolina para abastecer o carro. Eu estava de talabarte e quepe e todo atrapalhado. À nossa frente estava o jipe de um major gordo. No acanhamento dos neófitos, fiz que não via o major e prestei atenção em qualquer coisa. Depois de entrar no carro o major gordo me chamou. Eu avancei e me pus em posição de sentido.

— Você não tem que fazer continência? Por que não faz logo? É este relaxamento que avacalha o exército. É por isso que os praças não fazem continência a você.

O sangue veio-me ao rosto. Nervoso, gaguejei:

— Eu ainda sou um paisano, senhor.

O jipe já tinha ido embora.

Eu pretendera dizer com aquelas palavras que era um civil, que fora convocado para a guerra, que não era militar profissional. O tenente meu companheiro ouvira minhas palavras e reprovou-me. Eu pretendera desculpar-me invocando a diferença entre oficiais da ativa e da reserva. Para ele, oficial da reserva de vocação militar, exibir essa diferença era feri-lo a ferro quente.

Fiquei muito acabrunhado com o conjunto que se apresentava. O boletim trouxe a minha classificação para o III.º RI, unidade não expedicionária. E eu tive que reconsiderar o meu entusiasmo. Ocorrera, nesse ínterim, que a minha matrícula para uma bolsa de estudos nos Estados Unidos fora aprovada e eu, nesse momento, me considerava com a viagem à América segura. Perder essa oportunidade, eu que não tinha recursos e me sustentava com o trabalho de cada dia, era doloroso.

Quando entrei no quartel, ainda mastigando essas conjecturas, avisaram-me que fora providenciada a anulação de minha transferência "à vista de meus serviços serem indispensáveis". Disseram-me que a providência fora tomada por iniciativa do Amado, que estava em situação idêntica à minha. Gilberto Amado, filho, é um indivíduo de psicologia curiosíssima. A consciência de falência só é igualada nele pela convicção de que possui um grande e ignorado valor. Procura justificar a sua insignificância dentro de um amplo painel de tragédia. A catástrofe moral da família é para ele um gato podre que ele atira à face de qualquer um para se justificar; a inteligência e a importância do pai são uma cruz que ele carrega. Amado é um homem falido dramatizado. A FEB foi uma libertação para ele. Principalmente porque trazia a possibilidade de ganhar dinheiro — dinheiro numa quantidade que o equipararia a todos aqueles ganhadores de dinheiro de sua família. Em uma coisa, pelo menos, ele seria agora mais que todos os seus.

Quando soube que o Amado me havia implicado na sua trama, fiquei sumamente irritado. Procurei-o e disse-lhe bons desaforos. Ele respondeu-me com outros e mandou-me falar com o subcomandante, o major Castelo Branco. Sem pensar bem no que fazia, dirigi-me ao subcomandante. Fiz-lhe ver que fora classificado no IIIº RI e não tinha qualquer interesse em que essa classificação fosse anulada. O major respondeu-me com algumas frases patrióticas embrulhadas em grosserias. Eu lhe disse que estava muito enganado a meu respeito dando aquela interpretação e retirei-me.

A organização de um exército é uma coisa relativamente simples porque a disciplina não é funcional, mas pessoal, e os indivíduos não são pessoas, mas números. Entretanto, é fundamental que haja certa unidade de pontos de vista que constitua a base dos entendimentos gerais. No nosso escalão da FEB — e depois fui levado a crer que nos outros ocorrera a mesma coisa — a soldadesca não tivera nenhuma preparação psicológica. Ou melhor, tivera-a apenas negativa. Na sua casa, nos pequenos ou grandes grupos em que participasse, o homem era considerado uma vítima, uma criatura perdida — um dentre centenas de milhares que fora eleito para o sacrifício, o martírio irreparável.

A chegada a Nápoles[36]

O estado de espírito de quem pela primeira vez chega a terra estrangeira é, naturalmente, de intensa curiosidade. Acrescente-se a esse fato o tratar-se da Itália fascista, derrotada e teatro de operações!

O navio entrou na baía de Nápoles às seis horas da manhã. Um vento frio tornava dolorosa a permanência no tombadilho. O Vesúvio apresentou-se diante de nós e achei-o extremamente triste; a ilha de Capri, como uma prateleira suspensa, mostrou-nos uma de suas faces. Eu estava emocionado: ferviam no meu espírito dois mil anos de história. Formaram-se grupos e surgiam comentários. Alguns se apressavam em julgar, e julgavam da forma mais elementar — comparando. "Esta baía não chega aos pés da Guanabara", ouvi mais de uma vez essa opinião. A baía estava cinzenta. Começaram a surgir navios, e lá ao fundo a cidade emergia. Um cruzador italiano passou com seu pessoal formado e nos fez continência. Viam-se dezenas de navios mercantes. Quando o navio se aproximou pudemos ver que toda aquela fila de edifícios de

36 Texto manuscrito, datado de 2 mar. e de 10 mar. 1946. Título do autor.

seis a dez andares que formavam em frente ao porto não passava de carcaças vazias. Aquela região da cidade estava quase completamente destruída. Um grande edifício — certamente a estação marítima — mostrava as entranhas de ferro e cimento; a cúpula caída e os relógios parados. Fora um magnífico edifício, e suas linhas — mistura de neoclassicismo e funcionalismo — revelavam a origem fascista. Esse edifício deveria possibilitar a saída do passageiro diretamente do navio para uma plataforma suspensa, dispensando a escada.

Eu tinha os olhos enterrados na cidade ao longe. Vários caminhões passaram transportando soldados de farda azul. Pela primeira vez eu via tropa italiana. Foi para mim uma surpresa deliciosa avistar um bonde e inúmeros passageiros saltando. Duas moças de sobretudo claro e cabelo ao vento trouxeram-me uma súbita comoção. Aquilo me dava a impressão de que tudo fora destruído; um sentimento de universalismo fez-me sentir irmão daquelas criaturas. O fato de me sentir "irmão" em terras distantes sempre foi para mim uma maneira de sentir-me superior. Deve ser isso um traço da psicologia de povos de cultura de segundo ou terceiro grau. Eu sempre me lembrei de que nascera num canto do sertão selvagem do Brasil e que poderia ter vivido sem conhecer sequer a luz elétrica, toda vez que me sentia "irmão" em qualquer parte da Europa. Quando avistei pela primeira vez uma manifestação de vida em país estrangeiro — aquelas duas pequenas de braço dado e cabelo ao vento que eu sentia que podiam ser minhas irmãs — tive esse confortante sentimento de universalismo.

Desembarcamos às primeiras horas da tarde. Eu estava bastante forte. Ainda assim foi um grande sacrifício transportar toda a bagagem de uma só vez do navio para terra: duas malas, um saco e uma cama-rolo.

Quando o caminhão saiu da zona portuária, começou para mim o terrível espetáculo. Eu queria ver a cidade: a sua fisionomia, o seu grau de prosperidade; queria ver o povo; queria ver a guerra: os seus efeitos na cidade e no povo. Entretanto, a única coisa que pude ver foi a tragédia horrível das crianças famintas que assaltavam o caminhão. Sacudi nos primeiros instantes tudo que tinha comigo de cigarro e comida, embora fosse proibido. E tinha os olhos arregalados em cima daqueles miseráveis. As crianças me apaixonavam porque eram lindas. Os seus agasalhos em farrapos e os pés embrulhados em trapos. Tinham as mãozinhas para cima e gritavam, gritavam pedindo comida e cigarros. Atiravam-se ao chão em busca do que deixávamos cair do caminhão, na iminência de serem colhidas pelos outros veículos. Pelo menos uma, durante a nossa passagem, foi colhida por um caminhão.

Fomos instalados num grande edifício que parece ter sido uma escola ou um quartel. Esse edifício poderia acomodar umas 15 ou 20 mil pessoas. Não havia refrigeração e, não obstante a meia dúzia de cobertores, eu quase morro de frio. Os corredores eram verdadeiras geladeiras; a água cortava de fria. Às seis horas da manhã, quando tinha necessidade de sair do saco e de debaixo dos cobertores, eu sentia que mobilizava uma verdadeira montanha de energias. Nessas situações extremas é que a gente percebe que a vida é apenas um esforço em tensão. Esforço que é a matriz da evolução e do progresso. Esse grande esforço que o homem faz em sua marcha pela vida não poderia deixar de acrescentar algo novo ao mundo que ele encontrou. O esforço é uma luta contra a inércia, contra o que é, por isso transforma o mundo. Quando eu me levantava moído de frio e entrava na geladeira para lavar o rosto, sabia que estava lutando contra um concurso de forças da natureza. Tudo me traía, inclusive o meu corpo. A minha vontade mantinha-se, sozinha, de pé, não obstante tudo tentasse suborná-la.

O grande edifício, constituído de três grandes pavimentos, era uma verdadeira cidade. As suas paredes estavam cobertas de legendas rabiscadas por italianos, americanos, alemães e brasileiros. Principalmente endereços de soldados americanos. Bem sobre o meu catre estava escrito: *Mussolini è l'uomo!*, a lápis preto. No exterior os edifícios estavam maravilhosamente camuflados.

Logo no segundo dia comecei a funcionar como subalterno de uma companhia. A grande sedução que nos dominava era ir à cidade. Eu namorava a rua, via ao longe o mar, uma montanha cheia de vilas, o trem elétrico passando a vinte metros da amurada... Eu estava sedento para entrar em contato com aquele povo. Sonhava em entrar numa daquelas casas, ver qualquer coisa que a guerra não houvesse degradado. À noite eu conversava com os guardas italianos que ajudavam no policiamento. Pela primeira vez vi as armas ligeiras italianas. Eram positivamente rudimentares. Lembro-me de um... [*interrompido*]

Na Paraíba[37]

É natural que tivéssemos desembarcado na Itália ansiosos por observar os efeitos do fascismo sobre o povo e sobre o país. Infelizmente os nossos primeiros contatos foram com a região mais pobre da península. Desembarcamos em Nápoles e estacionamos nas redondezas da cidade: o espetáculo das crianças abandonadas, a multidão de vadios, as ruas emporcalhadas, pareciam anunciar uma nação esfacelada e uma sociedade em alto grau de decomposição. Entretanto, o que aí víamos eram consequências do impacto da guerra e não do fascismo. Foi a libertação do norte da península que nos possibilitou observar uma sociedade há pouco saída da ordem fascista. Rompidas as linhas ao sul de Bolonha, avançamos rapidamente pelas províncias da Emília, Ligúria, Piemonte e Lombardia.

Entrávamos na região mais rica da Itália e nos seus maiores centros industriais. E nos era dado conversar e conviver

37 Texto manuscrito, *c.* set.-out. 1945. Pelo lugar que ocupa no caderno, essa deve ser a palestra apresentada em João Pessoa na viagem feita em outubro de 1945.

com indivíduos que há um quarto de século não sabiam o que é a liberdade, mesmo nas suas formas mais elementares. Nessas conversas, e principalmente na observação o quanto possível sistemática do comportamento de pessoas com quem mantínhamos as mais variadas formas de contato, nos foi dado ver como um sistema de arbítrio e irresponsabilidade de governo tende a corromper completamente o povo. Acostumados a esperar de parte dos poderes constituídos o que fosse de mais atrabiliário e imoral, os indivíduos iam formando o seu comportamento de modo a compensar essa ordem de coisas com atos e atitudes também imorais. O desenvolvimento alarmante — devido a essa ordem de coisas — de um número de instintos inferiores do homem — o egoísmo, a falsidade, o medo — iria repercutir na sociedade. A classe média, provavelmente a mais sacrificada do regime fascista e durante a guerra, apresentava um quadro triste onde dominavam a exploração mútua, a passividade política e a ausência de padrões de moralidade. Essa gente parecia ser indiferente à grande tragédia, como acontecimento nacional, e nenhuma consciência de culpa ou revolta apresentava. O Estado fascista — pareceu-me — anulou-lhe o senso de responsabilidade no que diz respeito à coisa pública.

A grande massa do povo, conservada em semi-ignorância e mantida em estado de quase embriaguez coletiva, essa não aceitava de nenhuma maneira a ideia de derrota. Afastava apavorada o espantalho da catástrofe e em meio ao delírio da crise moral se entregava a toda ordem de sofismas e símbolos novos. Viciado pelo fascismo no delírio, o povo continuava delirando de amor à passagem daqueles que eram seus inimigos. Viciado na violência, aplicava a violência contra os seus antigos ídolos.

Presenciei alguns desfiles de partisanos em cidades conquistadas por nós. Tinham tudo que configurava os heróis: garbo, audácia e fé na sua causa. Vi algumas mulheres de bandeira na mão, comoventes e contagiantes no seu entusiasmo e sinceridade. O denominador comum a tudo isso era, entretanto, apenas o ódio — a força primitiva que o fascismo desencadeara nas suas almas. Sentia-se que diante da tragédia surgira a angustiante necessidade de transferir a culpa. A massa, trabalhada para a paixão, precisava saciar os seus instintos desencadeados mesmo que fosse devorando as próprias cabeças.

Alguns meses depois ainda não era possível perceber qualquer indício de um movimento renovador de âmbito nacional. A elite cada vez mais retraída — o fascismo a tinha adormecido num sonho de segurança; a classe média completamente corrompida e sem senso de interesse coletivo — o fascismo alheou-a dos problemas superiores do país; a massa do povo, completamente ignorante em matéria política, extenuante de paixão, incapacitada para um movimento no sentido construtivo.

Era esta a lição. Mas não era tudo. O fascismo tinha 25 anos e a Itália tem 25 séculos. A primeira coisa que nos maravilhou foi o nível cultural do povo. Uma florista ou um negociante de vinho discute sobre valores da pintura italiana e dá informações que nós costumamos colher com os eruditos. Nas classes mais elevadas é admirável o estado de sedimentação da cultura. São elites que se atribuem o papel de portadoras de valores culturais. Nós que vivemos num meio de grande mobilidade social — onde as pessoas das mais diversas extrações e formações culturais se nivelam — não estamos bem aparelhados mentalmente para interpretar esse quadro. A cultura, quando é "aprendida", não passa de erudição. A erudição é uma coisa que se usa mas que não se vive. Entre nós a cultura dificilmente chega a ser vivida. É nos grupos de população extremamente estáveis que se pode apreciar esse fenômeno de integração. Pela primeira vez nós, brasileiros, e homens do povo, entramos em contato direto com um grupo social que vivia uma cultura e florescia à sombra de todo um arcabouço de arte e tradição. E então pudemos ver até que ponto os nossos conhecimentos são uma simples aprendizagem escolar e a nossa galeria de valores culturais é uma mera prateleira de museu.

(A propósito do nível cultural da elite italiana — e me refiro às elites de Roma e Florença —, quero observar que o fascismo não adotou, em face do problema da transformação ou moldagem do homem, a técnica da reconstrução interior do novo cidadão. Seria um processo lento, de consequências muito mais profundas, e que teria de partir de uma educação planificada do povo. Os mentores do *fascio* preferiram construir uma fôrma que processasse a transformação do homem de fora para dentro. Era um processo rápido de obter, em âmbito nacional, rapidamente, uma grande racionalidade formal. O povo italiano, entretanto, substancialmente continuava a ser o mesmo.)

Há na Itália o que se chama "nobreza de sangue" (constituída de descendentes de antigas famílias reinantes nos principados) e a "nobreza burguesa" (famílias tradicionalmente ricas). Essa gente habita em grandes apartamentos ou em "vilas", e mesmo em castelos. São maravilhosas as suas residências: coleções de telas, gravuras, objetos de preciosidade histórica, mobiliários tradicionais. É quase banal o conhecimento dos idiomas francês e inglês. A educação das moças inclui quase obrigatoriamente música, artes plásticas e literatura. É com naturalidade que uma senhorita senta imprevistamente ao piano e interpreta Beethoven, Brahms ou Respighi. O conhecimento de literatura moderna está muito difundido: encontrei entre jovens cultores sérios dos autores modernos mais complexos, como Joyce e Proust. Lembro de uma jovem, modesta e tímida — saberia eu mais tarde que sua família era oito vezes secular, em Florença —, que se dava ao passatempo de traduzir os poetas gregos e latinos. Pareceu-me, entretanto, que a elite social italiana se alheava demais a certa ordem de problemas nacionais e humanos. Na verdade, não se referem a essas coisas que nos atormentam: o trabalho, as complicações miúdas da vida, o dia de hoje. Falam dos horrores da guerra ou se reportam a uma viagem, a uma temporada nos lagos do norte, a uma aurora boreal, a um concerto, a um poeta francês. Entretanto, foi essa experiência que me convenceu de que a maneira mais direta de penetrar no espírito da cultura é pelo contato com as pessoas que nela estão integradas. É a única forma pela qual se evita uma atitude de turista em museu arqueológico.

Em matéria de arqueologia a nossa mais bela experiência foi Pompeia. Esta cidade romana, na forma em que nos é apresentada, arrancada podemos dizer sangrando das lavas do Vesúvio, é um drama vivo. Estão diante dos nossos olhos as ruas, as praças, os templos, as casas particulares com suas comodidades, e deuses lares, as tabernas, as casernas, os prostíbulos — tudo em conjunto, mostrando de maneira quase impudica a vida de homens de uma outra civilização. Na Roma imperial a lição arqueológica é outra — porque resta apenas o que era grande e era nobre. São os templos, os arcos, os obeliscos, as termas.

Após o passeio pela Roma imperial penetramos na Roma cristã. As catacumbas dos primeiros séculos, onde se refugiaram mártires, são postas diante de nossos olhos com detalhes comoventes. Penetrando nas galerias profundas encontramos os sinais, objetos, escritas dos homens que eram atirados às feras no Coliseu. Esse grande passeio pela arte cristã culmina com a visita ao Vaticano. Digo culmina porque as quatro grandes catedrais de Roma estão fora do Vaticano. Aqui temos um mundo: o museu, a biblioteca de manuscritos, a sala de geografia, as vastíssimas galerias. Os afrescos de Michelangelo e Rafael que estão no Vaticano representam o clímax da pintura renascente: complexidade de concepção, perfeição plástica, equilíbrio arquitetônico, colorido, tudo enfim.

Mas se para apreciar as obras renascentes necessitamos parar e desprender o espírito do dia de hoje, para sentir essa arte plena de espiritualidade que é a arte medieval é necessário ter um espírito puro e quase cândido. Só então podemos ir ao encontro dessas criaturas que são vivas e que sofrem, e ao mesmo tempo pela sua serenidade parecem estar além do sofrimento, que estão nas telas de Giotto, Perugino, Fra Angelico e ainda Botticelli.

Quero reportar-me a alguns dos mais belos divertimentos que ao espírito e ao corpo nos oferece a Itália. Veneza é talvez o primeiro deles. Dá-nos a impressão de uma festa permanente. A cidade é um labirinto pitoresco onde as ruas que não são canais têm um ou dois metros de largura. A gôndola é o único veículo. Tem-se a impressão de estar em uma feira de diversões. O palácio ducal, além de outras maravilhas, encerra uma vasta coleção de Ticiano, de Veronese e de Tintoretto. A catedral é de estrutura bizantina.

Outro belo passeio são os lagos formados nos contrafortes dos Alpes. São grandes espelhos que refletem as montanhas onde a neve repousa perenemente. A paisagem apresenta uma beleza melancólica que convida à meditação e comove como uma prece. A Riviera Italiana é ainda outro grande passeio. A praia mediterrânea é azul e de um recorte caprichoso. Uma exuberância tropical é compensada pela delicadeza da flora europeia.

Ainda quero falar nesse outro encantamento que é a ilha de Capri. Aqui as reminiscências da época de Tibério, a obra espiritual de Axel Munthe e a beleza quase misteriosa da natureza disputam e violentam a nossa sensibilidade. A costa capresa é um colar de monumentos históricos e uma festa de luz. A muralha de rocha, fendida de grutas de todos os formatos, recebe o impacto das águas azuis e mostra aqui uma fortaleza moura, ali esconde um castelo romano, lá descobre a mansão de marfim de um poeta moderno. A Gruta Azul é, de longe, apenas um orifício na rocha que o fluxo e refluxo do mar fecham e abrem. Aproveitando um desses momentâneos refluxos, o pequeno barco se ativa para dentro da pedra. A paz da gruta vem da transparência das águas como se o sol estivesse no fundo do mar. E a água é tão límpida que, espanando ao encontro do remo, parece fragmentos de luz.

Já vamos longe e eu quero voltar ainda ao povo italiano. A sua qualidade mais admirável é a capacidade de trabalho — digo melhor: hábito de trabalho. Em nenhum momento da crise o povo abandonava o seu trabalho. Disso resulta que, embora o desemprego nas zonas industriais seja grande, a produção das regiões agrícolas não baixou. O povo, portanto, não passa fome e o estado de nutrição ainda é admirável.

Quando desembarcávamos na Itália fomos informados de que o estado de corrupção do povo era alarmante. Não foi o que observei. A verdade é que alguns padrões de moralidade nossos são ignorados lá. Daqui o contraste e o consequente juízo de valor depreciativo pelos nossos colegas menos experientes.

Os artistas da casa solicitaram que eu me detivesse também nessa obra que lhes parece ser a mais bela surgida na península: a mulher italiana. Na verdade, fiz algumas observações sistemáticas neste campo da estrutura social. Podemos classificar a mulher italiana em três grupos: mulheres medianamente belas, mulheres belas e mulheres muito belas. (Isso porque as excepcionalmente belas anulam, desde já, no espírito do observador, o senso de classificação.) Sobre serem belas, as italianas apresentam um alto coeficiente de feminilidade. A psicologia da mulher italiana tem sido afetada pela admiração que ela desperta. O exército de artistas que sempre esteve acampado na península tornou-as vaidosas de sua beleza. Fiz experiências, algumas quase cruéis para mim, curioso que estava de conhecer a gênese do comportamento de seres tão admiráveis. Certa vez sentei-me à mesa de um dos mais belos clubes civis de Florença. Quando levanto os olhos vejo diante de mim, fitando-me com natural curiosidade, uma jovem entre vinte e 21 anos: alta, esbelta sem ser magra, olhos, vestido e cabelos negros, tez extremamente alva. Percebi em dois segundos que estava diante de um tipo apurado da mais valorizada beleza europeia. Enquanto a observava, pensava que aquela mulher teria formado o seu comportamento numa atmosfera de admiração de artistas, e homens os mais representáveis. Provavelmente nunca sentira o choque da indiferença. O espírito de pesquisa apossou-se de mim: apanhei a minha cadeira, ostensivamente a transferi para o lado oposto da mesa, pedi ao garçom que alterasse a disposição do serviço e sentei-me de costas para Afrodite. Vinte minutos depois Afrodite se levantava, circundava a minha mesa, olhava discretamente para o meu rosto mas com a expressão de quem olha para um besouro.

A análise desse problema, que me interessou como elucidativo da etiologia de determinada forma de comportamento (mais uma vez a sociologia vem esclarecer a psicologia), pode despertar algum interesse pragmático em pessoas menos apegadas aos valores teóricos do que nós, por isso encareço a todos que não ponham arma tão perigosa em mãos boêmias ou inescrupulosas para que a ciência sociológica não venha a ser desvirtuada.

O fascismo como ideologia[38]

O fascismo, como ideologia totalitária, foi uma tentativa de composição de uma grande síntese social. E era neste sentido que os seus teóricos se voltavam para o "espírito da Idade Média": a nova síntese teria como polo o campo das atividades políticas, subordinando-se todas as demais esferas da atividade humana às "razões de Estado". A religião, com sua substância mágica, é por si mesma uma força integradora: o homem se sente fortalecido ao abandonar-se aos poderes misteriosos que são o sustentáculo de todas as coisas.

O totalitarismo político pressupõe um amplo desenvolvimento da técnica. Funda-se num formidável mecanismo de propaganda e coação. Sua mística se dirige à necessidade profunda de segurança que é um dos traços característicos da psicologia do homem da civilização industrial. A complexidade dos laços de dependência que se estabelecem nas socie-

38 No final desse manuscrito, há uma observação posterior do autor: "Este texto foi escrito no verão de 1947, junho-agosto, em Paris". O texto sobre o fascismo é parte de um ensaio que deveria se chamar "Uma viagem de 1000 anos".

dades organizadas à base da produção industrial diminuiu extremamente o grau de segurança individual. O alcance de controle do homem sobre o seu mundo circunstante reduz-se extremamente. A capacidade de previsão — fundamento mesmo do sentimento de segurança — restringe-se. O homem dentro da civilização industrial se encontra à mercê de sistemas de força sobre os quais sua vontade nenhum poder tem.

É nessa necessidade de segurança que o fascismo funda sua psicologia de massas. O Estado recebe uma vida fora da sociedade, passa a constituir um fim em si mesmo. O indivíduo que se integra nele recebe o apoio de toda a sua força. Como o Estado se projeta na história como ator de acontecimentos épicos, o indivíduo que confunde o seu destino com aqueles do Estado tem infinitas possibilidades de dramatizar sua vida. Como um herói num campo de batalha, o fascista crê materializar em si o destino da coletividade.

Deixarei para outro momento a análise das causas profundas do fascismo. Quero aqui frisar os seus aspectos psicológicos. Não se pode negar que o fascismo conseguiu dramatizar, em certa fase histórica, a vida de certos povos. Esses aspectos psicológicos são de fundamental importância na compreensão do desenvolvimento do fascismo, bem como de sua decadência e da impossibilidade de seu reaparecimento sob as mesmas formas.

Na sociedade fascista se estabelece uma rígida hierarquia entre classes sociais, entre grupos de uma mesma classe e entre atividades dentro de um mesmo grupo. Essa hierarquia é o fundamento da unidade de objetivo dentro da sociedade. A atividade de cada indivíduo se coordena, dessa forma, com o todo. Como um operário dentro de uma fábrica se sente de alguma forma ligado ao mais alto diretor, o homem fascista do mais ínfimo nível tem consciência de estar trabalhando para o mesmo objetivo que ocupa seu supremo "chefe". Dessa coordenação interna resulta o fenômeno natural de transferência de responsabilidade, do qual resulta o almejado sentimento de segurança.

A hierarquia de atividades possibilita a unidade de objetivos na vida individual. O homem deixa de comportar-se de maneira diversa de acordo com a esfera de atividades em que se encontre. Desaparece o antagonismo entre o homem-econômico, o homem-político, o homem-religioso e o homem-civil. Esses vários aspectos são "integralizados" ou "totalizados" em torno de um núcleo irracional em que se concretiza a mística fascista. Essa mística pode envolver ideais de "nação", "povo", "raça", "civilização" etc. Em qualquer caso, entretanto, será sempre uma mística política que se corporificará no Estado e na figura de seu "chefe".

A subordinação de todas as atividades do homem aos seus ideais religiosos se compreendia na Idade Média, posto que o sistema de controle social estava praticamente unificado em torno da religião. A nova integração buscada pelo fascismo terá necessariamente de quebrar os sistemas de controle existentes para impor o seu poderoso mecanismo de coação. Daqui a necessidade dentro do fascismo de fazer desaparecer todas as formas vivas e criadoras de organização social para substituí-las por um imenso mecanismo de controle unificado. A religião desaparece como força criadora e é subordinada aos interesses do Estado. As organizações de classe são transformadas em repartições públicas. As associações espontâneas dão lugar aos organismos burocratizados. A necessidade de manter a unidade de princípios e de fins elimina toda fonte de originalidade. A ação do indivíduo se afoga na uniformidade e na rotina. A sociedade perde sua força dinâmica e sua tendência diferenciadora.

Muita gente acreditou que o fascismo era uma tentativa de salvar a "civilização cristã". O processo de mudança assumira uma tão grande rapidez dentro da cultura moderna que a muitos se afigurava catastrófica a mutação que se operava diante de nossos olhos. O fascismo tentando criar um mecanismo de amortecedores e freios se tornava credor daqueles que pretendiam matar uma continuidade profunda dentro da "civilização cristã". Não quero abordar aqui o problema do significado do fascismo como barragem ao processo de mudança dentro de nossa cultura. Em outras palavras, não me interessa discutir até que ponto o fascismo amorteceu ou acelerou esse processo. Essa questão só poderá ser resolvida à luz da análise dos fundamentos econômicos do fascismo.

Há, entretanto, um problema que merece atenção: até que ponto a "ideologia" fascista tinha afinidades com o "espírito da civilização cristã"? Essa questão cria outra, que é saber qual é o espírito da civilização cristã. Acima já observamos que o conteúdo dessa civilização cristã se transformou profundamente entre a Idade Média e os tempos modernos. O conceito de humanismo, tão característico da civilização cristã nos tempos modernos, bifurca as suas raízes entre a doutrina do Cristo e o individualismo engendrado pela revolução comercial. Parece mesmo evidente que, se a doutrina cristã deu força e consistência ao humanismo, as suas verdadeiras causas de eclosão se situam fora dessa doutrina. Colocar o individualismo fora da "civilização cristã" seria esvaziar esta de toda a substância que lhe emprestou a revolução burguesa. Seria restringi-la aos estreitos limites da cultura feudal-cristã. O fascismo poderá invocar afinidades de forma com a cultura estática que a Europa conheceu na Idade Média. Essa afinidade é em si mesma um aspecto da antinomia entre os valores da civilização cristã — nesta compreendidos os elementos mais constantes da cultura europeia — e os princípios que estavam na base do credo fascista.

Finalmente, a análise dos aspectos psicológicos do fascismo é importante para que se possa enquadrar esse fenômeno historicamente. Não basta definir suas causas econômicas fundamentais para bem compreendê-lo. Os fatores secundários que se incorporam a essas causas fundamentais assumiram uma tão extraordinária importância que seria ingênuo pô-los de lado. Foram esses fatores secundários que deram uma fisionomia tétrica ao fascismo alemão. O complexo ideológico raça-cultura através do qual na Alemanha a ação coletiva foi dramatizada ao paroxismo não tinha a ver com os fundamentos do fascismo, que é uma simples doutrina de estabilização social. Ocorreu, porém, que dentro do quadro histórico alemão essa estabilização social só poderia ser conseguida através de uma ação coletiva polarizada em torno daquele complexo. É essa uma "circunstância" histórica que nada tem a ver com os fundamentos do fenômeno e que, entretanto, determinou o seu rumo. A ideologia de raça desenvolvida pelo nazismo foi um fator decisivo na consistência da ação alemã em toda a Europa. Dificilmente se conseguiria desenvolver num povo civilizado o estado psicológico necessário aos massacres coletivos feitos a sangue-frio sem aquela ideologia. Por outro lado, dificilmente se conseguiria estabelecer um estado de obliteração psicológica tão completo em face dos valores culturais dos outros povos sem a "ideologia de cultura" desenvolvida ao extremo na Alemanha. Esse complexo ideológico raça-cultura foi, assim, de importância fundamental para a expansão do fascismo alemão. Foi a energia psicológica consumida durante essa expansão.

Essas observações nos autorizam a afirmar que o fascismo poderá assumir fisionomias diferentes de acordo com as circunstâncias históricas. Num país como a Inglaterra, qualquer complexo ideológico — na presente fase histórica — que atinja demasiadamente os conceitos de "liberdade cívica", "unidade do Império", "integridade da pessoa do rei" terá poucas possibilidades de despertar poderosas correntes irracionais na coletividade. Na hipótese de surgirem as condições necessárias para o desenvolvimento do fascismo na Inglaterra, esses complexos, que de alguma forma definem a fisionomia nacional, terão de incorporar-se à nova ideologia. Dentro dessa ordem de ideias podemos concluir que o fascismo nem sempre terá a fisionomia e a agressividade que assumiu na Alemanha. Em certos casos poderá ser antes um elemento de enfraquecimento que de fortalecimento da nação em seu conjunto. Em uma nação como a França, em que a fantasia do indivíduo sempre representou uma força construtiva, a ideologia fascista não somente encontrará muito mais resistência em seu processo de penetração, como a nação em seu conjunto, uma vez fascistizada, perderá suas melhores virtudes e antes será um todo amorfo que uma força agressiva.

A repetição da experiência fascista à moda alemã parece, consequentemente, pouco provável. Em qualquer outra das grandes nações modernas o fascismo poderá ser antes uma força de estrangulamento interno que de expansão externa.

Referimo-nos aqui à expansão externa fascista — agressiva e militar — e não à simples expansão imperialista, que é um fenômeno que pode ocorrer fora dos limites do fascismo.

Em qualquer nação onde a Revolução Industrial tenha seguido um curso normal, e o individualismo tenha destarte se cristalizado em instituições consistentes, a ideologia fascista não assumirá a fisionomia que apresentou na Alemanha. E não dará os mesmos frutos, isto é, não conduzirá a nação ao paroxismo de sua força. A evolução truncada do capitalismo alemão levou-o a desabrochar plenamente sob uma forma patológica. De qualquer maneira, tratou-se de um desabrochamento: o capitalismo alemão atingia ali o auge de sua força.

Se o fascismo terá de ser estudado como um fenômeno geral de decrepitude do capitalismo, no caso alemão ele será apresentado como um fenômeno de senilidade precoce. A impossibilidade de um crescimento normal levou-o a essa deformação monstruosa. Entretanto, unicamente por isso, porque era jovem, ele pôde despender tantas forças nos seus estertores finais.

Em uma nação onde o capitalismo tenha tido uma curva de desenvolvimento normal, o fascismo não poderá despertar tantas energias e não constituirá a nação numa força agressiva tão poderosa. Encontrará pelo caminho certos complexos culturais dificilmente assimiláveis dentro de sua ideologia. Tentando dissolver abruptamente esses complexos, ele poderá enfraquecer o sistema cultural. As repercussões na pessoa humana poderão ser profundas. Em lugar da tensão psicológica essencial ao agigantamento das forças do homem, poderá produzir-se um profundo afrouxamento das energias morais. Não será fácil prever as consequências disso para o desenvolvimento ulterior da cultura.

4. Correspondência de guerra

CARTAS RECEBIDAS

De Adhemar Nóbrega, Rio de Janeiro, 10 de abril de 1945

Não devia falar em música para você, nessa Itália desgraçada. Não por causa da Itália, nem da desgraça que a guerra lhe trouxe. Não devia falar em música porque ela lhe falta aí, e uma referência torna mais flagrante a ausência. Mas não posso ignorar o *leitmotiv* do seu cartão,[39] lembrança que me trouxe muita alegria. E assim, vai aqui um relatório: a OSB (não confundir com a criação do gen. Klinger)[40] iniciou os concer-

39 Ver, adiante, cartão de Celso Furtado para Adhemar Nóbrega, datado de 12 mar. 1945.

40 Adhemar Nóbrega se refere à Orquestra Sinfônica Brasileira. O general Bertoldo Klinger (1884-1969), comandante supremo da Revolução Constitucionalista de 1932, exilou-se em Portugal. Em 1940 escreveu *Ortografia simplificada brasileira* (*OSB*), livro que se tornou motivo de chacota pela proposta de rever a ortografia vigente e de escrever as palavras tal como eram pronunciadas.

tos do Rex, elevando o padrão com um dedicado a Wagner e outro a Bach. Depois Eleazar [de Carvalho], aproveitando a maré alta da simpatia manifestada pelo público ante o restabelecimento das relações com a Rússia, deu um festival de música russa — inevitavelmente a *1812* e a *Patética* de Tchaikóvski e a *Grande Páscoa Russa* de Rimski-Korsákov. Imagine que bombardeio. Foi artilharia pesada. Nota fora da pauta: a "coqueluche" do Rio são os filmes sobre as vitórias russas e assuntos russos em geral, que já podem ser exibidos. *Missão em Moscou*, *Estrela do Norte* (americanos) e *General Suvórov* e *Um povo que canta* (filmes russos) estão enchendo os cofres de cinco ou seis cinemas cariocas.

De José Veiga, João Pessoa, 13 de abril de 1945

Recebendo hoje o teu entusiástico postal trasanteontem, só hoje, 13, sob o peso da terrível e desconfortante nova da morte de [Franklin] Roosevelt, posso mandar-te as minhas congratulações pelo modo prático e patriótico com que tens sabido fazer a guerra. Aí entre pipocos e fumo de pólvora, estudas, meditas e tomas nota de tudo aquilo que os homens não puderam ainda destruir. O cenário pode parecer pouco convidativo; mas foi sob o fragor dos tiroteios que Euclides [da Cunha] colheu apontamentos para escrever o melhor livro que já se plasmou em língua portuguesa. Mais fez ele com um prosaico lápis Faber do que muitas dragonas e calças garance.

De Maria Alice Furtado, Rio, 23 de abril de 1945

Aqui a alegria é geral, estamos a cada momento esperando a queda de Berlim. A noite passada recebemos um telefonema de madrugada nos dando o final da guerra; avalia a nossa satisfação ao acordar; ficamos o resto da noite ouvindo o rádio que dava notícias a todo momento.

De Maria Alice Furtado, Rio, 9 de maio de 1945

Estou te escrevendo após o Dia da Vitória. Este dia que toda a humanidade desejou. A alegria aqui foi indescritível, ficávamos até alta madrugada esperando notícias pelo rádio numa ansiedade louca... [...] Tuas cartas aqui são lidas e relidas, gostamos muito das descrições. O Cleantho [de Paiva Leite] e o Adhemar [Nóbrega] ficam invejosos. Agora já se fala na volta da Força Expedicionária, dizem também que vão voltar primeiro os que foram na primeira leva. A vitória deixei para comemorar no dia da tua chegada. As maiores novidades daqui consistem na política, desta só ficarás ao par quando voltares. O José Américo [de Almeida] está muito em evidência. Hoje chega do exílio o Octavio Mangabeira.

De Adhemar Nóbrega, Rio, 26 de maio de 1945

E agora, uma boa notícia: fala-se por aí que o [Gustavo] Capanema está na agulha para ser nomeado ministro do Supremo Tribunal... Prestes (não é por associação de ideias) foi consagrado (é bem o termo) no monumental comício em que pela primeira vez falou ao público diretamente. O "Vasco" superlotou, estimando-se a assistência em até 100 mil pessoas. Embora não caiba aqui o mais simples registro do seu discurso-manifesto, não é inoportuno dizer que foi o acontecimento mais palpitante para nós, depois do dia 8 do corrente. O DIP foi extinto anteontem e criado, na mesma data, o Departamento Nacional de Informações. Mas, ao que parece, apenas o DIP mudou de nome...[41]

De Cleantho de Paiva Leite, Rio, 26 de maio de 1945

A situação política continua muito confusa. Últimos boatos: a oposição retiraria a candidatura do Brigadeiro [Eduardo Gomes] para apresentar a de Octavio Mangabeira; o Getúlio, "atendendo à vontade popular", decretaria inexistente a Carta de 1937 e convocaria uma nova Constituinte para elaborar (lentamente, é claro) outra Constituição; temendo esse golpe, as oposições já não atacam o Dutra, com a esperança de que este dificulte a solução continuísta. Prestes fez um discurso sensacional no qual atacou os reacionários que estão no governo e elogiou o presidente que soube atender às

41 Gustavo Capanema (1900-85), ministro da Educação de Getúlio Vargas de 1934 a 1945, foi eleito deputado por Minas Gerais no sufrágio de dezembro de 1945. O "Vasco" é o estádio do clube Vasco da Gama, em São Januário, onde, em 23 de maio, o líder comunista Luís Carlos Prestes, secretário-geral do PCB, anistiado por Vargas, fez seu primeiro comício ao sair da prisão. O Departamento de Imprensa e Propaganda (DIP), criado em 1939, era o órgão de censura e propaganda da ditadura e do Estado Novo.

aspirações populares na declaração de guerra, no estabelecimento de relações com a URSS e na decretação da anistia. Enfim, muitas coisas provavelmente ainda vão acontecer antes das eleições, marcadas para dezembro.

De Maria Alice Furtado, Rio, 31 de maio de 1945

Estou ansiosa para receber carta tua de Roma. Vou preparar a festa para a tua chegada. O arrasta-pé vai ser grande.

De Edison Cézar de Carvalho, Rio de Janeiro, 11 de junho de 1945

Há intensa atividade política. Surgem os partidos políticos com o ímpeto de muitos anos de recalque. Brevemente, teremos legalizado o Partido Comunista. As esquerdas e os democratas de primeira linha estão empenhados nos movimentos de massa para a conquista da União Nacional. Muita luta, muito trabalho e possibilidades. Creio que dessa vez teremos uma saída pacífica, o Brasil entrará numa nova fase de progresso e de melhores condições de vida para sua sociedade. E procuro, dentro de minhas possibilidades de simples elemento do povo, contribuir ativamente. Tenho sentido uma alegria imensa de participar, trabalhar, discutir e assistir a reuniões populares. Já começaram as instalações dos Comitês Estaduais do Partido Comunista. Pela primeira vez em nosso país, os comunistas vivem na legalidade. Como tudo isso é auspicioso! Vai haver dois grandes comícios em S. Paulo, um do PC e outro da UDN.

De Jorge Furtado, Rio de Janeiro, 13 de junho de 1945

A nossa vida aqui é aquela mesma, com ligeiras modificações tocantes à arte política. Já saiu o Código Eleitoral e nós estamos nos preparando para saber o que é votar. Até agora só apareceram dois candidatos: o general Eurico Dutra e o brigadeiro Eduardo Gomes, que como Carlos Prestes disse: "Nunca vi dois candidatos tão parecidos" (ambos são católicos praticantes e militares). O tertius não apareceu. O comício de Carlos Prestes foi magnífico, ao qual compareceram representantes de quase todos os países americanos e ele desapontou muita gente que pensava que ele ia atacar as forças constituídas e apoiar um dos candidatos. [...] Werther vai naquilo mesmo e me disse que façam o que quiserem contanto que não acabem com os cassinos e o hipódromo, e se repartirem terras ele quer ficar com aquele pedaço da Cinelândia. Antonieta e Aída[42] estão inteiramente voltadas para o partido (a teoria).

CARTAS ENVIADAS

A Maria Alice Furtado, 26 de fevereiro de 1945

Esta carta não é mais para dizer que estou bom, posto que isto foi comunicado pelo telegrama, mas para fazer um ligei-

42 Jorge, Antonieta e Aída eram irmãos de Celso Furtado. Werther era seu primo.

ro relatório daquilo que já vi. O meu contato com a Itália ainda não é suficiente para me dar uma ideia da vida urbana europeia de um país europeu. É natural que eu esteja quase sempre em locais onde o elemento militar estrangeiro ao país predomine. Entretanto, já me foi dado observar alguns aspectos da desorganização social reinante. Desaparecidos os meios normais de economia do povo — já que o desemprego é geral —, muitas camadas da população se desagregaram, muitas famílias se dissolveram e muita gente se degradou. O número de crianças abandonadas é enorme. Por outro lado, o desnível na vida das próprias pessoas é chocante: um cavalheiro bem aprumado de gestos cata pontas de cigarro na rua, uma senhorita de capa de pele e semblante fino tem as mãos estragadas e os sapatos rotos. Muito terei que observar ainda e muito terei para lhe contar, sendo que o melhor, naturalmente, ficará para o fim, quando não houver guerra. [...] Eu trouxe comigo dois cobertores de lã, no navio me deram mais dois, aqui os americanos me deram mais dois, mais um saco-cama que vale por dois cobertores e mais um saco impermeável para colocar sobre o saco de lã. E naturalmente já se vai para a cama com boa camada de lã sobre o corpo...[43] Imaginem, agora, o que significa sair, às seis da manhã, de debaixo de tudo isso. Nessas ocasiões é que o homem conhece a extensão da própria vontade. Com o hábito, entretanto, tudo vai melhorando. Aqui os americanos suprem os soldados de

43 As duas últimas frases estão numa anotação dos diários de Celso Furtado do dia 27 fev. 1945. Cf. Celso Furtado, *Diários intermitentes: 1937-2002*, op. cit., p. 82. Tudo indica que certos trechos de diários eram recopiados em cartas enviadas a familiares e amigos.

tudo por um preço mínimo. Desde o sabonete até a tesourinha. Quase tudo que comprei aí pode ser adquirido aqui pela terça ou quinta parte do preço. O meu endereço é: Ten. C…, 400 R FEB.

A Adhemar Nóbrega, 12 de março de 1945

Mando para você, do coração da Toscana, uma mensagem dolorosa — grito de um homem que habita um mundo sem música. Nesta Itália desgraçada que estou percorrendo, de música resta apenas o gramofone americano. Entro um dia numa casa humilde à beira da estrada para beber um copo de vinho e lá encontro ao lado da lareira suja um instrumento reproduzindo um miserável foxtrote. Pobre Palestrina! A que está reduzida a tua terra!

A Beatriz Marques de Souza, 14 de março de 1945[44]

Vai esta mensagem para dizer do contraste de vida aqui, no coração da Toscana. Vai esta mensagem como um grito de espanto diante do que tenho visto aqui — a cabal decomposição de uma sociedade. Toda a estrutura econômica da vida urbana esfacelada: milhares de criaturas sem programa de vida, sem escala de valores, guiadas pelo medo que lhes traz o estado de insegurança. Camadas inteiras estão expostas aos

44 Beatriz Marques de Souza Wahrlich era colega de Celso Furtado no DASP.

ventos de qualquer ideologia, promessa ou utopia. É difícil imaginar até onde irá tudo isto.

A Maria Alice Furtado, Itália, março de 1945

Continuo bem de saúde, satisfeito e animado. A vida aqui é suave e metódica, e isto significa que estou mais gordo (ou menos magro) e mais forte. Há muito que aprender aqui e é natural que eu procure dirigir a minha aprendizagem no sentido que mais me apetece. Tenho encontrado muitos amigos. Como as distâncias aqui são pequenas, sempre que possível visito um ou outro centro cultural. Tive oportunidade de ver Pompeia, que é um espetáculo indescritível: uma cidade desencavada e mostrada a nós da forma em que as lavas do Vesúvio a surpreenderam 1900 anos atrás. O interior das casas de família, os restaurantes, as praças públicas, os altares, as inscrições nas paredes anunciando eleições... tudo quase intacto. A Toscana, onde estou quase sempre, tem o clima mais ameno da Itália. Atualmente a temperatura está ótima — varia entre quatro e doze graus. As cidades da Toscana são, quase todas, museus da Renascença. Em Florença podem-se ver os palácios dos Médicis. O trono, as salas de reuniões diplomáticas, as salas de estudo, de reza, de trabalhos femininos... tudo está conservado e perfeito: ouro, alabastro, mármore, tecidos raros, incrustações... A igreja de Florença — a catedral — tem a maior cúpula do mundo — lá estão afrescos e esculturas de Michelangelo. Vou ver se adquiro algumas reproduções a óleo de telas. Há mil coisas a ver em qualquer parte: aqui foi queimado Savonarola, ali morou Dante, lá está o túmulo de Maquiavel... Algo também lembra o Brasil, um pinheiral à noite confunde-se com um coqueiral. As crianças, no campo, são rosadas e gordinhas — e têm para nós, sempre, um sorriso franco. Breve irão outras notícias. Estou enviando cartões-postais para as meninas. Enviei para aí, do dinheiro que recebi, cem dólares.[45] Tenho lido recortes de jornal sobre o que se passa aí. Lembranças do Celso.

A Aída Furtado, 23 de março de 1945

Não vou lhe dizer que as pinacotecas italianas são ricas e belas. Isto está no *Eu Sei Tudo*. Há, entretanto, nelas uma lição: é admirável como estavam integradas na vida diária do homem da Renascença. A capela, a sala de costura... estavam cobertas de afrescos como se estes fossem tão indispensáveis quanto as cadeiras. Não é possível que a arte nessa época tivesse qualquer caráter de marginalidade. É muito elucidativo o fato de o pintor algumas vezes incluir a si e a conhecidos seus na concepção mística que era o assunto de sua obra.

45 O soldo de um expedicionário era pago em três parcelas: a primeira lhe era entregue na Itália; a segunda se destinava à sua família, que podia sacá-la no Brasil; a terceira ia para uma conta-previdência na Caixa Econômica, aguardando a volta dele. O soldo médio de um brasileiro da FEB era de trinta dólares, um pouco mais que o de um soldado norte-americano (média de 28 dólares). Calcula-se que a quantia de trinta dólares equivalia a três salários mínimos da época.

À Mamãe e todos de casa, Itália, 11 de abril de 1945

Recebi sua primeira carta. Foi a única correspondência que já veio às minhas mãos. Esta é a minha quarta carta. Continuo passando otimamente de saúde, bem mais forte e bastante alegre. Entreguei todas as encomendas que trouxe, exceto a da senhora do Gonzaga, porque tem sido impossível para mim ir onde ele está.

Tenho tido oportunidade de me locomover e de apreciar muita coisa interessante. Talvez porque o que interessa a mim nenhuma curiosidade desperta na maioria. Em uma das maiores cidades italianas, onde me demorei vários dias, fui por acaso apresentado a uma moça que havia estado no Brasil. Por intermédio dela entrei em contato com a melhor sociedade local. Fiquei simplesmente estupefato diante do nível cultural desta gente. [...] Nem tudo isso interessa a vocês, mas para mim é uma maravilhosa soma de experiências. É essa uma camada social tipicamente europeia cujo conhecimento muito me interessava. Essa gente não se encontra na rua. Poucos dentre nós sabem que ela existe.

Quando me escreverem mandem notícias detalhadas de todos. Disponham sem nenhuma cerimônia do meu crédito da maneira que lhes pareça conveniente. Saudades do Celso.

A Maurício Furtado, 23 de abril de 1945

Esse curto lapso de tempo compreendido entre minha partida e hoje foi suficiente para que eu me adaptasse ao clima europeu. A primeira vez que pisei numa poça d'água e ela se fragmentou aos meus pés fiquei estupefato e baixei-me para encher as mãos de gelo; quando vi a neve arregalei bem os olhos para certificar-me, tirei o chapéu para senti-la melhor, mas foi como se encontrasse algo que eu já conhecia. A natureza aqui é como que delicada, os rios são quase minúsculos, a vegetação é disciplinada. Os camponeses têm um nível de vida equivalente ao das nossas pequenas cidades do estado do Rio ou São Paulo. Não há o que nós conhecemos como miséria, e o estado de nutrição, particularmente das crianças, é digno de admiração. A população urbana, entretanto, vive em edificações quase medievais. Somente as grandes cidades apresentam construções mais ou menos satisfatórias para a classe média. Do ponto de vista cultural o povo aqui apresenta um quadro completamente distinto daquilo que nós conhecemos. Qualquer camareira de hotel ou negociante de vinho discorre sobre os valores da pintura italiana e dá informações que nós costumamos colher com os eruditos. Nas classes mais elevadas, é admirável o estado de sedimentação da cultura. Admirável para mim — bicho do mato —, é claro. Nós, que vivemos num meio de grande mobilidade social, onde as pessoas das mais diversas extrações se nivelam nos mesmos grupos, não compreendemos de imediato o fenômeno a que me refiro. A cultura, quando é "aprendida", não passa de erudição. E erudição é uma coisa que se usa mas que não se vive — disto sabemos. Viver a cultura é assimilá-la, também, de fora para dentro — é ter necessidade diuturna de seus valores.

A par disso, o que aqui se pode observar é a guerra, direta ou indiretamente. E a guerra é essencialmente duas coisas: trabalho e destruição. Muito cedo nos acostumamos com as destruições. Os sintomas mais diretos da guerra menos comovem ou ainda menos preocupam. O fato de saber que estão passando sobre as nossas cabeças seis ou oito centenas de aviões que vão ali adiante atirar bombas sobre o inimigo é tão banal quanto a passagem do bonde aí. Posso levar cinco horas seguidas ouvindo barulho de avião e é como se ao meu redor houvesse absoluto silêncio. Às vezes vou dormir ao som do canhonaço da artilharia e isso tem para mim — suponho que para todos — o mesmo poder emocional que o barulho do mar aí no Leblon.[46] Há um mês atrás enviei cartões-postais ou pequenas cartas a umas dez ou doze pessoas. Voltarei à carga, se não responderem. Não pense, entretanto, que tenho aqui um gabinete para escrever. É sobre a perna ou sobre um caixote que aqui estou, à luz de uma vela, com os espinhaços curvados. Continuo com ótima saúde e bem-disposto para o trabalho. A ausência de livros foi suprida pela massa de material para observação. E assim vou enchendo os meus vagares.

A Adhemar Nóbrega, 30 de abril de 1945

Com a sua carta recebi a notícia da morte de Mário de Andrade. Foi um choque. A admiração que tive por esse homem só encontra par, dentro da intelectualidade brasileira, na que dedico a Gilberto Freyre. Reconheço que Mário já estava no declínio, não obstante fosse moço, ainda. [...] Seria impossível narrar o que eu considero como o melhor de minha expe-

46 O trecho de "E a guerra" até "mar aí no Leblon" está reproduzido em Celso Furtado, *Diários intermitentes: 1937-2002*, op. cit., p. 83.

riência neste país; mas como desejo mandar algumas notícias realmente significativas é possível que ainda tente os recursos de uma forma literária para melhor me exprimir. Se tiver tempo. A Itália continua a ser o país da música lírica. Em qualquer cidade de mediana importância há um teatro lírico funcionando permanentemente. Tenho ouvido música sinfônica e de câmara nas grandes cidades. Pode-se observar, entretanto, que fazer música aqui é qualquer coisa de rotineiro: há um mercado permanente para a música. Há normalmente um grande *stock* de música na praça — música que não é muito boa nem muito ruim. A crítica é mais cultural. Não observo aqui essa tendência que se encontra em nossa gente de ir ouvir fulano para dizer se ele toca bem ou mal. Vai-se ao concerto e confia-se no artista porque a priori todo profissional merece confiança. [...] Há muita coisa que eu desejo lhe expor; desde o comportamento de nossos companheiros aqui e da maneira como têm vivido, do nível cultural da nossa oficialidade, até o cosmopolitismo deste exército de dezenas de nações. Um clube noturno italiano, uma cidade como Florença regredida à sua fisionomia originária pelo terrível blackout, a simplicidade do povo do campo, os tesouros de refinamento de uma flor feminina da nobreza... E o trabalho, e o suor, e a guerra. Só uma longa conversa praticada a bom vinho italiano através de toda uma cadeia de noites.

A Maria Alice Furtado, Itália, 16 de maio de 1945

Toda a minha correspondência sofreu solução de continuidade porque eu estive, por algum tempo, ausente do ponto a que chegam as minhas cartas. Esta fase final de ofensiva foi uma terrível corrida. Passei dez dias trepado num caminhão parando apenas para dormir ou comer. Tive oportunidade de atravessar todo o norte da Itália, indo parar perto da fronteira da França. O meu trabalho era simples e material mas eu o desempenhei com algum cuidado; isto rendeu-me um elogio individual, transcrito em boletim, do coronel ajudante do quartel-general. Estou dizendo isto só para constar. Longe de me fazer de herói, direi sempre que esta guerra foi para mim, que tão bem tenho apreciado o que vejo, pouco mais do que uma viagem de turismo.

O norte da Itália é admirável. Grandes cidades, magníficas estradas, povo laborioso, gente sadia. Milão tem a intensidade de vida de São Paulo, é mais bela, toda plana e tipicamente europeia. As galerias, os cafés, as livrarias são notáveis. A catedral de Milão é das coisas mais belas que se podem ver na Itália: estilo gótico, toda em mármore (dezenas de variedades de mármores), a mais rica do mundo como conjunto de estatuária, a terceira do mundo em tamanho. Dentro estão três ou quatro órgãos. No domingo que se seguiu à paz lá estive eu assistindo a uma missa cantada. Por estas partes do mundo um brasileiro é algo de desconhecido e exótico. Em alguns lugarejos aglomerava-se gente para ver de que jeito é um brasileiro. Um senhor disse: "São gente boa, e a propaganda fascista proclamando que eles eram como feras". Levei um dia um negro num lugar conquistado na véspera e foi um sucesso: as crianças corriam de todos os lados para vê-lo e até uma moça veio me perguntar se ele falava "como nós"... Em Milão, uma senhorita olhou para mim admirada e disse: "Brasileiro? O Brasil para nós é um sonho". Tenho que confessar que a minha tez queimada e meu tipo de sertanejo causam aqui uma reação radicalmente diferente da que eu esperava. Particularmente as moças exteriorizam a sua admiração de uma maneira simpática. Lembro-me que um dia, passando por um castelo, parei para tomar vinho e uma criatura loura e delicada que veio me atender, pensando talvez que eu não a entendesse, disse: "Meu Deus, que estranho, parece um homem do deserto!". Eu bebi o vinho e quase banco mesmo o homem do deserto levando comigo a raptada meiga castelã.[47] Com a conclusão das operações e a esperança de breve retorno, já se pode pensar um tanto em programa de vida. Estou aqui a matutar no que vou fazer, no que poderei estudar, no que terei de realizar. Tudo por aí se modificou tanto, desde minha saída, que se torna indispensável uma revisão geral do programa de vida. E eu sem um bom programa sou um homem morto...

A Lina Hazan, "madrinha de guerra", 18 de maio de 1945

O que me tem sido dado a observar na Itália não é suscetível de rápido resumo. É todo um país corrompido por anos de um regime político fundado na irresponsabilidade e no arbítrio; é uma massa humana convulsionada por uma terrível crise moral, que não se conforma com a catástrofe e se apega a toda ordem de sofismas e de falsos símbolos para tirar de diante dos olhos o espantalho da derrota; é uma elite social

47 O trecho de "A catedral de Milão" até "meiga castelã" está reproduzido em Celso Furtado, *Diários intermitentes: 1937-2002*, op. cit., p. 85.

altamente culta que pretende colocar-se acima da tragédia distanciando-se cada vez mais do povo desgraçado. Para a maioria dos brasileiros que aqui estão o italiano se afigura um ser moralmente degenerado; a verdade, porém, é que nós estamos em face de uma sociedade em fase de decomposição. O mal é social — os indivíduos apenas o refletem. Passemos a um outro plano de observação. A Itália continua a ser um país de maravilhas artísticas. A guerra apenas aumentou o número de suas cicatrizes, mas em nada atingiu o seu patrimônio histórico e artístico.

A Maria Alice Furtado, 25 de maio de 1945

Tenho recebido as suas cartas, inclusive a que foi escrita no Dia da Vitória. Uma vez ou outra chegam às minhas mãos, aqui, recortes de jornais do Rio ou dos estados. Tenho acompanhado, dentro desses limitados recursos, o que por aí ocorre. Li a entrevista do Prestes, li os discursos do comício realizado no dia da chegada do Octavio Mangabeira, e outras coisas mais.

Folgo em saber que vocês se divertem com minhas crônicas italianas; quero deixar bem claro que me tenho limitado a narrar fatos. Mas se tudo que tenho dito é verdade, nem tudo que é verdade eu digo. Era desejo meu criar em torno de minha viagem uma aura de alegria e satisfação, afastando tanto quanto possível a ideia desagradável de guerra. Penso que em parte atingi esse objetivo. O outro lado da minha vida, aqui, é muito monótono — essencialmente esforço continuado e desconforto. Como vocês sabem eu considero o esforço a melhor escola da vida, o único meio de se criar material e espiritualmente algo de duradouro. Portanto esse terrível e exaustivo esforço, que é o de um homem que participa de um exército em guerra, pareceu-me uma admirável e fecunda experiência. O campo de observação aqui não se limita ao que é italiano. Contrastados com hábitos estranhos, os brasileiros podem ser observados claramente nas suas virtudes e defeitos. Tenho constantemente diante dos olhos brasileiros, italianos e americanos, e é em face dos contrastes que bem se pode compreender cada um, seja como indivíduo, seja como grupo social. Em algumas cidades entrei igualmente em contato com ingleses e cidadãos de várias partes do Império Britânico. Festejei o cessar-fogo aqui na Itália com um grupo de neozelandeses e sul-africanos. São rapazes sérios que se divertem com brincadeiras que nos parecem sem graça. Diante da facilidade do meu espírito latino para a crítica eles ficam desnorteados, uns aos outros pedem que os ridicularizem e morrem de rir com os trocadilhos mais bobos. Nesse dia eles me ofereceram qualquer coisa como um banquete puxado a champanha, no seu clube. As casas de diversões aqui são muito pitorescas. Quase sempre mesmo os clubes frequentados pela boa sociedade são em subterrâneos. Todos bebem desmedidamente, por isso a venda de bebida encerra-se às onze da noite. A essa hora o ambiente está cinzento do fumo e quase todos cantam, riem ou falam alto. Um inglês de bigodão senta-se ao piano do jazz e improvisa sobre o tema de um prelúdio de Rachmanínov, um escocês de saia azul estampada e pena no cabelo salta em meio da sala rodando como uma carrapeta, um grupo de americanos faz um barulho horrível. A luz amortece — é hora de retirar-se. Tudo dentro de um ambiente de paz, respeito mútuo, decência com as mulheres e relativa concórdia.

A Maria Alice Furtado, 17 de junho de 1945

Por uma ironia da sorte eu tenho tido muito menos tempo de folga que quando havia guerra propriamente dita. Estou exercendo uma função delicada que absorve todo o meu tempo. Se tudo correr como está previsto, eu não estarei aí antes do fim de agosto. Pedi ao Cleantho que se informasse sobre a minha situação no Instituto Brasil-Estados Unidos.[48] Caso seja conveniente, eu providenciaria a minha volta por avião. Estive em Roma durante vários dias. Cumpri todo o programa turístico previsto nos guias convencionais e passei mais um dia inteiro no Vaticano. Adquiri três bênçãos papais: uma para a senhora, uma para Yayá [avó materna] e uma para Veiga [amigo da família]. A encomenda dos terços talvez tenha chegado tarde. Quando estive no Vaticano o papa se dirigiu aos brasileiros presentes, em português. Roma é provavelmente a cidade do mundo onde mais há o que ver: lá estão as três idades da Terra: a Antiguidade clássica com o Panteão, o Coliseu, Caracala, os arcos romanos, os obeliscos egípcios, as catacumbas onde se refugiavam os primeiros cristãos, os vários templos; a Idade Média e arte cristã na mais maravilhosa coleção de igrejas; e a Renascença e os Tempos Modernos

48 Celso Furtado se inscrevera no IBEU, antes de ir para a guerra, pensando em ser indicado para uma bolsa de estudos nos Estados Unidos. Seu nome, como soube ao chegar, não foi aprovado.

particularmente nas galerias de pintura. [...] Pelas suas cartas percebo que a senhora e todos de casa estão bem-dispostos e satisfeitos da vida. Alegro-me com isso. Mas não me alegro com essa ideia de fazer festa para me receber. Não sou artista de cinema nem político do interior. Quanto ao arrasta-pé, me desola. Sou capaz de ficar aqui pela Itália se me fizerem uma tal ameaça. Não sei que juízo a senhora faz de mim; mas quando leio coisas como as ameaças com ruído e barulho de festa, da última carta, só posso deduzir que esse juízo não é lá muito bom.

A Lina Hazan, 11 de julho de 1945

Tenho tido oportunidade de viajar por toda a Itália. E a Itália é imensamente grande, se considerarmos a densidade e variedade de seu conteúdo cultural. Tive oportunidade de viajar também pela França. E a França é qualquer coisa de revigorante, mesmo para os espíritos já vigorosos. A maior parte de minhas viagens eu as faço no desempenho de função. Para isso me tornei um exímio motorista de caminhões pesados e de motocicleta. Estas viagens não têm qualquer vislumbre do que se chama comodidade, mas têm um certo encanto. Entrar numa cidade onde há pouco os alemães lá estavam, conversar com pessoas que pela primeira vez viam uma pessoa do nosso país; beber o bom vinho espumante enquanto a garotada se acerca boquiaberta, dirigir a palavra a uma bela campesina, tudo isso é qualquer coisa de inédito e inesquecível.

A Maria Alice Furtado, 19 de agosto de 1945

O tumulto e a correria destes últimos tempos têm impossibilitado a regularidade na minha correspondência. Passei dez dias aqui em Nápoles aguardando um avião que me levaria ao Brasil e que até hoje não chegou e não chegará ainda este mês. É possível que eu esteja aí no começo de setembro ou antes disto. Nada é muito certo. A vida de quartel, como seria fácil prever, cada dia se torna mais monótona e destituída de razão de ser, à proporção que nos afastamos da guerra. Se eu não aplicasse toda a minha habilidade para, uma vez ou outra, dar um passeio interessante, certamente já teria morrido de tédio. Num dos últimos passeios visitei boa parte da França ocidental e central, inclusive Paris.

Quisera ter vagares e sossego de espírito para dizer o que foi para mim esse passeio a Paris. Percorri cerca de metade da França e tudo se afigurou dentro de uma perfeita ordem. A França é um grande jardim. Suas magníficas estradas são conservadas com todo o cuidado: as cidades e aldeias maravilhosamente limpas; o povo tem uma aparência de calma que conforta. Ao contrário da Itália, o governo tem ação efetiva em todo o país e isso se sente através do racionamento geral que a todos faculta comer. Paris é de fato surpreendente. Todo o centro da cidade é constituído de grandes avenidas, onde as edificações, a pavimentação, o tráfego, o policiamento, a multidão, a riqueza de vitrines, a discrição e sobriedade do povo, os cafés, a elegância das mulheres, tudo concorre para constituir uma verdadeira obra de arte. Paris continua a ser, creio, o centro do mundo. Todo o universo lá está representado. Exposições internacionais funcionam permanentemente. Em um só dia eu pude visitar uma exposição da Tunísia, uma da guerra contra o Japão, uma da Iugoslávia, uma de aviões modernos americanos, sendo que esta última debaixo da Torre Eiffel, e uma de vestuário da nobreza francesa no século passado.

A Cleantho de Paiva Leite, 20 de agosto de 1945

Apesar dos meus atropelos (o estágio de decomposição de todos esses organismos que fizeram a guerra é avançado), não me julgo com o direito de privá-lo de um relatório, mesmo superficial, da minha viagem à França. Nas condições em que a fiz, a viagem foi quase épica: cobri 2 mil quilômetros, que é a distância que separa a Itália central de Paris, em cima de uma caminhonete, eu e um outro oficial, dando cada um dez horas de serviço diário no volante. Mas toda essa viagem você faz em autoestradas asfaltadas de primeira ordem. E foi numa noite fria às 23 horas que eu entrei em Paris por Fontainebleau. Quando dei por mim estava junto ao Jardin du Luxembourg, morto de cansaço e ofegante de curiosidade. Entrei no primeiro hotel que se me deparou: quarto individual completo, absolutamente livre, 125 francos (cinquenta cruzeiros). Uma boa refeição em restaurante civil não vai além de cem francos (quarenta cruzeiros). Em resumo: a vida é mais fácil e menos dispendiosa do que na Itália. Imagine agora você, meu velho, com que prazer eu não me espreguicei quando no dia seguinte acordei e percebi que Paris estava lá do outro lado da janela me esperando.

A Adhemar Nóbrega, agosto de 1945

Quando deixava Paris, rápido na direção do Oriente, ia pensando, na manhã fria, no mundo que ficara desconhecido para mim: os intelectuais e artistas de maior responsabilidade da atualidade, que eu não vira: um Malraux, um Picasso, um Roger Martin du Gard, um André Gide; pensava na intelectualidade francesa, talvez o último grande elo entre a cultura ocidental e esse mundo moderno de massas que nós ainda não sabemos o que é; pensava na mocidade da França, a quem cabe a responsabilidade de prosseguir com a obra universal do espírito latino. De tudo isso eu tinha visto muito pouco, mas o bastante para me convencer de que nós não devemos desertar a França. Lá também é a nossa casa.

Créditos das imagens

pp. 1 (acima), 3 (abaixo), 6 (acima), 7, 8 (acima), 12 (abaixo), 14 e 16 (acima): Acervo pessoal. Reprodução de Jaime Acioli.

pp. 1 (abaixo), 2, 3 (acima), 4, 5, 6 (abaixo), 8 (abaixo), 9, 10, 11, 12 (acima e ao centro), 13, 15 e 16 (abaixo): Acervo pessoal. Reprodução de Jorge Bastos.

ESTA OBRA FOI COMPOSTA POR ACOMTE EM FS BRABO PRO E IMPRESSA
PELA GRÁFICA PAYM EM OFSETE SOBRE PAPEL PÓLEN NATURAL
DA SUZANO S.A. PARA A EDITORA SCHWARCZ EM OUTUBRO DE 2025

FSC®
www.fsc.org
MISTO
Papel produzido a partir de fontes responsáveis
FSC® C133282

A marca FSC® é a garantia de que a madeira utilizada na fabricação do papel deste livro provém de florestas que foram gerenciadas de maneira ambientalmente correta, socialmente justa e economicamente viável, além de outras fontes de origem controlada.